Think Green!
Love Lohas!

자연과 사람을 공경하는
당신이 아름답습니다!

인간과 지구는 함께 살아가는 동반자입니다.
살림로하스는 개인의 건강뿐만 아니라 사회의 건강, 자연의 건강을 추구합니다.
잘 먹고 잘 사는 웰빙을 넘어 인류와 지구를 생각하는 작지만 큰 실천을 담고 있습니다.
지구도 살고 인간도 사는 로하스 라이프!
작은 습관의 변화가 큰 변화를 만들어 냅니다.

키가 쑥쑥 몸도 튼튼

우리 아이
성장밥상
40가지

류도균

살림Life

건강한 음식으로
우리 아이 성장 영양분을 채운다

자녀가 초등학생이 되어도 또래보다 키가 작아 고민하는 부모와 상담해보면 "어떤 음식이 아이의 성장에 도움이 되나요?", "우유와 멸치 이외에도 어떤 음식이 좋은가요?", "키 크는 데 도움이 되는 운동이나 혈 자리가 있다던데 어떻게 해야 하나요?", "우리 아이는 잘 자는데 왜 키가 작을까요?" 등 성장에 대한 다양한 질문을 듣게 됩니다. 부모들은 이미 오랜 기간 자녀의 성장으로 고민했기 때문에 양질의 영양 공급과 수면, 꾸준한 운동 등이 성장에 도움이 된다는 것을 잘 알고 있습니다. 이 중 어느 한 부분이라도 부족하면 제대로 성장하기 어렵지만, 가장 기본이 되는 것을 꼽으라고 한다면 바로 '음식'입니다.

한 그루의 나무가 온전하게 잘 자라려면 양질의 거름이 있어야 하듯 아이도 잘 자랄 수 있는 양질의 토양이 필요하며, 이는 아이가 섭취하는 음식에 따라 좌우됩니다. 균형 잡힌 영양 공급이 이루어지지 않으면 아무리 열심히 운동을 하고, 아무리 좋은 환경에서 잠을 자더라도 제대로 성장하기 어렵습니다.

사람들은 흔히 '비싼 것이 좋은 것'이라고 생각합니다. 하지만 저는 '저렴하다고 모두 나쁘지 않으며 오히려 건강에 더 도움이 되는 것도 많습니다.'라고 말합니다. 우리 몸에 가장 좋은 식재료는 제철에 나는 채소·과일·생선 등인데 수확량이 풍성하다 보니 가격은 저렴하면서도 영양은 꽉 차 있습니다. 예를 들어, 미나리는 사계절 언제나 볼 수 있지만 3월이 제철로 맛과 향이 진하고 영양이 풍부합니다. 그에 비해 가격은 저렴한 편이지요. 아이를 사

랑한다면 비싼 식재료가 아니라 제철을 맞은 저렴한 식재료로 음식을 만들어 주는 것이 현명합니다.

저는 한의사이기 전에 두 아이의 아빠이다 보니 아이들의 먹을거리에 관심이 많았습니다. 아이에게 꼭 필요한 영양분이 무엇이며, 어떻게 하면 입맛 까다로운 아이들이 맛있게 먹을 수 있을까 많은 생각을 해 왔습니다. 그래서 아이 성장에 좋은 식재료를 선별할 때, 제철에 나는 재료에 주목하게 되었습니다. 그리고 이러한 정보를 이 책에 담았습니다.

이 책은 성장기 어린이가 몸도 튼튼해지고 키도 쑥쑥 클 수 있도록 계절별로 식재료를 추천하고 이것을 맛있게 먹을 수 있는 요리법으로 구성했습니다. 아울러 자녀의 성장으로 걱정이 많은 엄마의 고민을 조금이나마 덜어 드리고자 아이의 영양 상태를 고려해 식재료를 제안했고, 식재료가 지닌 영양을 최대한 활용할 수 있도록 요리했습니다. 챕터별로 차근차근 숙지하다 보면 평소에 알고 있지만 방법을 제대로 몰라 해보지 못한 요리를 시도해 볼 수 있을 것입니다.

이제 키는 유전이라고 생각하는 시대는 지났습니다. 설령 부모의 키가 크다 하더라도 아이가 편식하거나 운동을 하지 않고 자기 습관대로만 생활하게 된다면 원활한 성장을 기대하기 어렵습니다. 소중한 우리 아이에게 자연에서 온 건강한 제철 식재료로 영양의 균형을 맞추어 밥상을 차려준다면 성장은 물 흐르듯 자연의 순리대로 건강하게 잘 이루어질 수 있습니다.

가정에서는 엄마가 바로 의사입니다. '음식이 약'이라는 말이 있듯이 엄마가 정성껏 준비한 밥상으로 아이가 건강하게 성장하게 하는데 이 책이 조금이나마 도움이 되기를 진심으로 바랍니다.

끝으로 이 책이 출간되기까지 옆에서 애써준 가족과 직원들에게도 고마움을 전하며, 특히 은사이신 신재용 원장님께 지면을 빌어 다시 한 번 깊은 감사의 말씀을 올립니다.

여러분의 가정에 늘 사랑과 행복이 충만하기를 진심으로 기원합니다.

류도균

한눈에 보는 레시피

Contents
차 례

CHAPTER 01

균형 잡힌 식생활로
키 쑥쑥, 몸 튼튼

아이가 자라지 않는다고 미리 걱정할 필요도 없지만, 나중에 자라겠지 하고 내버려둬서도 안 된다.
성장호르몬이 줄어들고 성장판이 닫히면 더 이상 성장을 기대할 수 없기 때문이다.
아이가 자라는 것은 나무가 자라는 것과 비슷하다.
양질의 토양과 햇빛, 물 등이 있어야 나무가 튼튼하게 자라듯이
아이가 잘 자라기 위해서는 균형 잡힌 영양 공급과 성장호르몬을 활성화하는
운동, 수면 등 외부 환경이 뒷받침되어야 한다.
이 중 가장 중요한 것은 바로 균형 잡힌 식생활이다.
매일 먹는 3번의 식사는 성장할 수 있는 영양분이 된다.

성장에 관한 오해와 진실

부모들은 자녀 성장에 관심이 많아 다양한 정보를 접하고 있지만 뜻밖에 기본적인 정보를 놓치는 경우가 많다. 자녀의 성장에 대해 기본적으로 알아두어야 할 것은 무엇이며 잘못 알고 있는 정보는 없는지 체크 해보자.

아이들이 가장 빠른 성장을 보이는 것은 신생아 때이다. 어른 손바닥만 하던 아기가 돌이 될 때까지 25센 티미터 남짓 급성장하게 된다. 그 후 성장 속도가 느려져서 1년에 10~15센티미터 정도 자라며, 유치원생 이나 초등학생이 되면 5~6센티미터씩 자란다. 그러다 사춘기가 되면서 다시 성장에 가속도가 붙어 20센티미터 넘게 자라는 경우도 많다.

성장을 관장하는 성장호르몬은 뇌하수체 전엽에서 분비되는데, 사춘기때 호르 몬 분비량이 늘어 키가 쑥쑥 자란다. 성장호르몬은 사춘기가 지나면 조금씩 줄 고 20세가 넘어가면 매년 감소한다. 성인이 되어 키가 자라지 않는 것은 더이 상 성장호르몬이 분비되지 않기 때문이다.

부모들은 대부분 키가 눈에 띄게 자라기 시작하는 사춘기 시절이 되거나 중 학생이 되어도 제대로 자라지 않게 되면 그제야 부랴부랴 성장에 관심을 두 는 경향이 많다. 그러나 그때는 이미 시기적으로 늦기 때문에 제대로 효과를 보기 어렵다.

자녀의 성장을 관리하는 적절한 시점은 초등학교 때이다. 즉, 성장이 활발한 사춘기가 되기 전에 성장을 촉진할 수 있는 발판을 마련해야 성장기에 쑥쑥 자랄 수 있다. 최근에는 사춘기가 점점 당겨지고 있어 초등학교 저학년 때부 터 성장 관리를 시작하기도 한다.

성장호르몬과 더불어 성장판은 아이 성장의 중요 한 요인이다. 성장판이란 팔꿈치, 손목, 무릎, 발 목 등 뼈의 끝 부분에 있는 연골조직인데 이 부 위가 세포 분열을 일으키면서 뼈를 길어지게 한 다. 어릴 때는 성장판이 벌어져 있어 키가 자랄 수 있지만, 나이가 들면 성장판이 닫혀 더이상 키가 자라지 않게 된다. 따라서 성장판 검사는 성장판이 닫히기 전인 초등학교 고학년 때 하는 것이 좋다. 성장판이 닫히는 시기는 사람마다 다 른데 남학생은 중학교 고학년, 여학생은 초경 후 1~2년이 지나면서부터 닫히기 시작한다.

키는 유전이다?

No 자녀의 성장은 유전적인 요인에 의해 크게 좌우된다고 알려졌다. 그래서 부모의 키가 크다면 자녀도 클 확률이 높고, 반대로 부모가 키가 작다면 자녀도 작다고 생각한다. 신빙성은 있지만 절대적인 진실은 아니다. 성장에 관한 많은 연구를 보면 성장에 영향을 미치는 첫째 요인은 운동과 생활습관이며, 둘째 요인은 영양 균형, 그리고 마지막은 유전이다. 따라서 부모의 키가 크다고 하더라도 아이가 활동량이 적거나 편식 등으로 영양 불균형 상태가 되면 제대로 성장할 수 없다. 부모의 키가 크다고 안심하지 말고 아이가 제대로 먹고 운동할 수 있는 환경을 조성해주는 것이 중요하다.

성조숙증과 비만은 성장을 방해한다?

Yes 요즘 아이들은 나이에 비해 몸이 빠르게 성장한다. 그래서 초등학교 때 초경을 하거나 가슴이 생기기도 하는데 이렇게 성장을 빨리 하는 성조숙증이 생기면 성장판이 일찍 닫혀 성장을 방해하는 요인이 된다. 초등학교 3~4학년 이전에 성조숙증이 나타난다면 전문의에게 진단을 받고 적절한 치료를 받는 것이 좋다.

비만도 성조숙증과 마찬가지로 성장에 좋지 못한 영향을 끼친다. 나이와 신장보다 몸무게가 많이 나가면 성호르몬 분비가 빨라져 성장판도 그만큼 빨리 닫힌다. 그뿐만 아니라 체중이 많이 나가면 하체에 무게가 많이 실려 넓적다리뼈, 무릎뼈, 정강이뼈 등에 부담을 주어 성장에 좋지 않다.

밥만 잘 먹어도 영양은 충분하다?

No 성장의 재료가 되는 영양분은 탄수화물이 아니라 단백질이다. 쌀은 탄수화물이 풍부하지만 다른 영양분이 부족해 쌀만으로 영양 균형을 맞출 수는 없다. 쌀에 부족한 단백질이나 영양소를 보충하기 위해 잡곡을 섞어 먹이면 좋은데 6세 미만의 아이들은 소화기능이 완성된 상태가 아니므로 잡곡밥을 주지 않는 것이 좋다.

단백질은 잡곡밥 이외에 두부, 콩, 닭고기, 쇠고기, 달걀, 흰살생선 등의 식품에서도 섭취가 가능하다. 단백질과 더불어 뼈를 튼튼히 하는 칼슘도 성장에 중요한 영양소이므로 멸치나 새우처럼 뼈째 먹는 생선이나 우유 등 고칼슘 식품을 꾸준히 섭취하는 것이 좋다.

잔병치레가 많으면 잘 자라지 않는다?

Yes 잔병치레가 많다는 것은 그만큼 면역력이 약하다는 의미로 이런 경우 체력도 좋지 않다. 몸이 허약하면 입맛이 떨어져 식사를 제대로 하지 않는 경우가 많아 영양 공급에 문제가 생기고, 체력은 더욱 바닥나는 악순환이 계속된다. 심각한 질병이 아니더라도 감기, 비염, 축농증처럼 아이들이 걸리기 쉬운 질환 역시 성장에 나쁜 영향을 미치므로 제때 치료해 주는 것이 좋다. 가벼운 질병 이외에 평소 땀을 많이 흘리거나 소화기능이 좋지 않은 아이들은 원기가 저하하고 영양분을 제때 공급받지 못해 성장에 문제가 생기기 쉽다.

숙면이 성장호르몬을 부른다

아이들은 잠자는 동안 성장호르몬 분비가 활성화된다. 따라서 키가 쑥쑥 자라려면 잠을 많이 자는 것보다 양질의 숙면이 필요하다. 숙면을 유도하는 잠자리에 대해 알아보자.

성장호르몬은 취침 후 1시간 뒤부터 4시간 동안 왕성하게 분비되는데, 이를 토대로 가늠하면 밤 10시부터 새벽 2시까지가 성장호르몬 분비 시간이다. 그래서 이 시간에 숙면을 취해야 성장이 촉진된다. 그런데 요즘 초등학생들은 10시가 넘어서도 깨어 있는 경우가 많아 9~10시 사이에 규칙적으로 잠자리에 드는 습관을 기르는 것이 중요하다.
성장호르몬은 무조건 잠을 많이 잔다고 분비가 활발해지는 것은 아니다. 숙면을 취하지 못하면 성장호르몬 분비가 저하되어 성장에 악영향을 미치는 것은 물론, 피로가 회복되지 않아 늘 피로하고, 무기력하고, 집중력이 저하되어 학업 집중도도 떨어지고 체력도 바닥난다. 평소 아이가 잠을 많이 자는데도 기운이 없다거나 친구들과 잘 어울리지 못하고 식사도 잘 하지 않는다면 숙면을 취하지 못하는 것으로 수면부족을 의심해보는 것이 좋다.

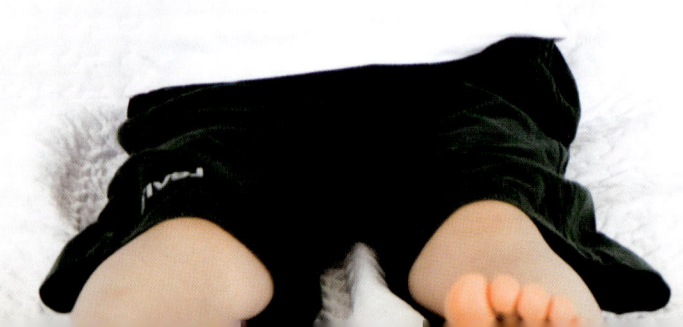

식물로 실내 습도를 관리하세요

숙면을 취하려면 잠자리에 드는 시간이나 수면시간도 중요하지만 잠을 잘 잘 수 있는 환경이 가장 중요하다. 실내에서 키우는 화초나 꽃은 보기에도 좋지만, 공기정화와 습도 유지에 매우 도움이 된다. 가습기를 사용하는 것이 번거롭다면 화초나 수경식물을 길러보자. 하루에 약 1리터의 수분을 배출한다고 알려진 아레카 야자는 대표적인 가습 식물이다. 공기 중 유해성분을 흡입해 공기정화에도 효과적이다.

컴퓨터나 침대 옆에 배치하면 좋은 산세베리아는 한 달에 한 번 정도만 물을 주어도 잘 자라기 때문에 특별한 관리가 필요 없다. 다른 식물에 비해 음이온 배출이 30배 이상이고, 밤에는 이산화탄소를 흡수하고 산소를 배출하기 때문에 침실에 놓으면 공기정화에 도움이 된다. 잎이 넓어 공기정화와 실내 습도 유지에 효과적인 크로톤과 다량의 습기를 배출하는 마리안느도 공부방이나 침실에 두면 좋은 식물이다. 숯도 식물만큼 습도 조절에 유용하므로 실내 곳곳에 배치하면 좋다.

소음과 빛을 차단하세요

아이가 잠들면 부모들은 늦은 시간까지 TV를 보거나 이야기를 나눈다. 아이가 잠들었기 때문에 상관없다고 생각할지도 모르지만, 이러한 외부 소음은 숙면을 방해해 깊은 잠에 빠지지 못하게 한다. 또한 창문 밖의 외부 불빛이나 스탠드 불빛 등 수면을 방해하는 심야의 불빛은 '빛 공해'라고 부를 정도로 잠에 악영향을 미친다.

잠은 깊은 잠인 논렘수면과 얕은 잠인 렘수면으로 나눈다. 잠을 자면서 꿈을 꾸거나 눈동자를 움직이는 것은 렘수면 상태라는 뜻이다. 그러다가 깊은 잠에 빠지면 뇌파가 안정되면서 숙면을 취하게 된다. 성장호르몬은 깊은 잠을 잘때 분비된다. 따라서 오랜 시간 잠을 자더라도 소음과 빛 때문에 깊은 잠을 자지 못하면 성장호르몬은 분비되지 못한다.

야식 습관을 고쳐주세요

저녁 식사 후 간식을 먹거나 야식을 먹는 습관은 건강에도 해롭지만, 숙면에도 도움이 되지 못한다. 흔히 배가 고프면 잠이 안 온다고 생각하는데, 오히려 배가 부르면 잠을 방해한다. 우리 몸은 낮에는 활발하게 움직이고, 밤이 되면 휴식 시간임을 깨닫고 잠잘 준비를 한다. 그런데 밤에 야식이나 간식을 과하게 먹게 되면 음식물을 소화시키느라 몸속 장기들이 깨어 있게 된다. 쉬어야 하는 시간에 휴식을 취하지 못하는 것이다. 몸은 수면을 취하고 있지만, 장기들은 깨어 있기 때문에 깊은 잠에 빠지기 어렵다. 아이가 잠자리에 들기 전에 배가 고프다고 한다면 우유 한 컵을 따뜻하게 데워 주는 것이 좋다. 우유는 포만감을 주며 트립토판이라는 성분이 마음을 편하게 해주고 긴장을 없애 숙면에 도움을 준다.

침구는 보송보송하게 말려주세요

사람은 수면 중에 땀을 흘리기 때문에 침구가 눅눅해진다. 특히, 아이들은 베개가 젖도록 땀을 흘리거나 수면 중 움직임이 많아서 침구가 더러워지기 쉽다. 침구에 먼지나 습기가 많으면 집먼지진드기가 서식하기 좋은 환경이 되기 때문에 수시로 햇볕에 말리고 먼지를 털어 주는 것이 좋다. 침구는 땀을 잘 흡수하는 면 재질로 선택하고, 1~2주에 한 번은 세탁하도록 한다. 아침에 잠자리에서 일어나면 이불을 침대에 덮어 두지 말고 몸에 닿는 이불 안쪽이 공기와 닿도록 젖혀 두어 수면 중 땀으로 축축해진 침구를 건조하는 것이 좋다.

코가 건강해야 잘 자란다

성장 클리닉을 찾는 아이 중 상당수가 알레르기성 비염을 앓고 있다. 그만큼 호흡기와 성장은 매우 깊은 연관성을 갖고 있다. 잘 자고, 잘 먹고, 운동도 열심히 하는데 성장장애를 겪고 있다면 코 건강을 살펴보는 것이 좋다.

코의 대표적인 기능은 호흡과 후각이다. 사람은 코로 숨을 쉬고 냄새를 맡는다. 코는 얼굴의 다른 부위에 비해 덜 예민한 것처럼 보이지만, 질병이 생기면 불편한 점이 한둘이 아니다. 감기에 걸려서 코가 막히거나 콧물이 심하면 일상생활에 지장을 가져오고 머리가 멍하고 무기력해진다. 냄새도 맡지 못하기 때문에 음식을 봐도 식욕이 생기지 않는다.

코는 호흡과 냄새를 맡는 기능 이외에 몸속으로 유입되는 공기의 습도를 조절하고 더러운 공기를 걸러주는 공기정화기 역할도 한다. 그런데 코에 문제가 생기면 입을 벌리고 호흡하기 때문에 여과 작용을 할 수 없다. 즉, 외부의 공기가 여과 없이 입으로 들어오게 되는 것이다. 이 과정에서 공기 중에 섞여 있는 바이러스나 미세먼지 등 다양한 오염물질이 몸속으로 유입되어 감기와 같은 호흡기 질환을 비롯해 여러 가지 바이러스성 질환에 걸리기 쉽다.

코 질병, 방치하면 면역력이 떨어져요

호흡기 질환으로 병원을 찾는 자녀의 부모는 대부분 감기인 줄 알고 내버려뒀다가 코 건강이 나빠졌다고 말한다. 아이가 콧물을 흘리거나 가래가 있으면 가벼운 감기라고 생각하기 쉬운데 반복적으로 되풀이되면 아이의 면역력이 저하되고 알레르기성 비염이나 축농증, 중이염, 기관지 천식 등으로 발전할 확률이 높다. 코에 문제가 생기면 아이는 짜증이 늘고, 두통이 생기고, 집중력이 저하되며, 의욕이 떨어지고, 식욕부진을 겪게 된다. 이런 상태가 오래가면 활동성이 낮아지고 영양 불균형을 불러 성장에 나쁜 영향을 미치게 된다.

코가 막히면 성장호르몬 분비가 저하되요

앞에서 제대로 성장하려면 숙면을 해야 한다고 설명했다. 그런데 코에 문제가 생기면 호흡장애가 생겨 숙면을 취하기 어렵다. 알레르기성 비염이나 축농증 등으로 코가 막히면 깊은 잠을 자지 못하고 숨쉬기도 어렵다. 또한 기도가 좁아져 호흡량이 줄어들게 된다. 이렇게 되면 수면장애는 물론 몸속에서 필요한 산소를 충분히 공급하지 못하게 되므로 피로가 쌓인다. 사람은 수면을 통해 하루의 피로를 풀고 새로운 에너지를 충전하는데, 코가 막히면 피로를 풀지 못하고 계속 쌓아두게 되어 만성피로에 시달리게 된다.

코골이는 심하면 성장장애가 생겨요

수면 중 코를 고는 아이들이 있는데 코를 고는 것 자체는 질병이 아니지만, 코골이 때문에 숙면을 취하지 못해 성장장애가 생길 수 있으니 주의 깊게 살펴봐야 한다. 갑작스러운 피로 때문에 일시적으로 코를 고는 것은 큰 문제가 아니지만, 지속적이라면 치료를 받는 것이 효과적이다. 특히, 코골이는 수면무호흡증과 같은 증상을 동반할 수 있으므로 가볍게 넘겨서는 안 된다. 아이들이 코골이는 하는 이유는 일차적으로 코 점막의 충혈로 코가 좋지않거나 구개편도 및 아데노이드 비대로 인하여 호흡시 공기의 저항이 심화되어 원활한 비강호흡이 되지 않기 때문이다. 평소 감기에 걸린 것처럼 코가 자주 막히고, 킁킁거리는 소리를 자주 내고, 수면 중에 코골이가 있다면 검진을 받아 보는 것이 좋다.

코 건강 지키는 한방 식재료

도라지 | '제2의 인삼'이라고 불릴 정도로 사포닌이 풍부한 도라지는 기침, 가래, 인후통 해소에 효과가 있으며, 감초와 함께 끓여 마시면 호흡기 계통 질환을 다스리는 데 효과적이다.

갈 근 | 발한 및 해열 작용이 뛰어나 감기 예방 효과가 있으며, 축농증, 비염, 코막힘, 재채기 등을 감소시킨다.

맥문동 | 기관지 질환에 효과적인 약재로 알려진 맥문동은 기침, 천식 치료, 감기 예방, 원기 회복에 효과가 있다.

하수오 | 코가 허약해 식욕이 저하되고 소화장애가 있을 때에 효과적이다. 체력 증진과 피로회복에도 좋다.

올바른 자세가 성장을 촉진시킨다

부모는 자녀의 성장 관리를 위해 음식이나 운동에 관심이 높지만, 자세나 걸음걸이는 신경을 덜 쓰는 경우가 많다. 올바른 자세는 성장의 기본이자 매우 중요한 요인이다. 어려서 교정하지 않으면 고치기 어렵기 때문에 관심이 꼭 필요하다.

사람의 몸은 척추를 중심으로 좌우 균형을 이룬다. 척추는 몸을 꼿꼿하게 지탱해주는 역할뿐만 아니라 상체와 하체를 이어주는 기둥이 된다. 척추가 바르지 못하고 휘거나 틀어지면 쉽게 피로가 쌓이고 내장에 무리를 주며, 하체에 부담을 주어 제대로 자랄 수 없다.

요즘 아이들은 컴퓨터나 휴대전화 사용 등으로 잘못된 자세를 취하기 쉽다. 구부정하게 앉아서 TV를 본다거나, 장시간 컴퓨터에 몰두하는 습관은 목과 허리, 골반 등에 무리를 준다. 또한 자신도 모르게 목이 앞으로 쏠려 경추와 척추에 문제가 생길 수 있다.

척추에 문제가 생기는 것은 후천적인 원인이 크게 작용한다. 즉, 잘못된 자세나 생활습관, 걸음걸이 등이 척추에 악영향을 주는 것이다.

골반을 바로 잡아요

골반은 하복부의 장기를 보호하고 자세를 잡아 주는 중심 뼈다. 앉을 때 다리를 꼬는 습관은 척추와 골반을 틀어지게 한다. 골반이 틀어지거나 좌우 균형이 맞지 않으면 혈액순환이 잘되지 않고, 무릎 관절과 근육에 부담을 준다. 골반 이상은 상체로도 옮겨져 허리, 척추, 요추 등에도 문제를 일으킨다. 특히 골반이 틀어지면 고관절도 휘어져 다리가 곧게 뻗지 못하고 안쪽이나 바깥쪽으로 벌어지는 휜 다리가 된다. 이렇게 다리 모양이 휘면 키가 작아 보인다. 유아기에는 다리뼈가 온전히 완성된 상태가 아니므로 체중을 지탱하기 어려워 O형으로 다리가 휘는 경우가 많은데 자라면서 11자로 곧아진다. 만약 초등학교 저학년 때까지 휜 다리 형태라면 건강과 키를 위해 교정을 받는 것이 좋다.

어깨의 균형을 잡아요

우리 몸은 좌우가 균형을 이뤄야 체형이 바르고 건강하다. 아이들이 공부할 때 한쪽 어깨나 팔에 힘을 싣고 비스듬히 앉는 경우가 있는데, 어깨가 틀어지면 척추도 따라서 휘어진다. 또한 무거운 가방을 한쪽 어깨로만 매는 습관이나 한쪽 어깨나 팔을 과도하게 사용하는 운동도 어깨를 틀어지게 해 어깨와 허리에 통증을 일으킨다. 우리 몸의 뼈와 근육은 유기적으로 연결되어 있기 때문에 한 곳에 문제가 생기면 도미노처럼 다른 부위에도 영향을 미친다. 특히 척추, 경추, 어깨, 골반은 어느 한 곳이 틀어지면 나머지도 균형을 이루기 어렵고 제대로 성장할 수 없어서 바른 자세를 통해 중심 뼈를 곧게 하는 습관을 가져야 한다.

제대로 걸어요

아이의 운동화 밑창이 빨리 닳거나 한쪽 밑창만 유난히 많이 닳는다면 걸음걸이가 잘못됐다는 증거다. 걸을 때 뒤축을 질질 끌면서 걷거나 짝다리를 짚고 서있는 습관이 굳어지면 체형이 틀어질 뿐만 아니라 하체가 불균형해진다. 또한 밑창이 편편하고 얇은 신발은 걸을 때 하체에 가해지는 충격을 흡수하지 못하기 때문에 발바닥이나 무릎에 고스란히 충격이 전해진다. 따라서 밑창은 두께감이 있고 탄력 있는 것으로 선택한다.

걸을 때는 발바닥을 한 번에 내디디지 말고 뒤꿈치가 바닥에 닿도록 한 뒤 발 바깥쪽으로 자연스럽게 체중을 실어 새끼발가락으로 옮긴다. 그런다음 엄지발가락에 힘을 주어 땅을 밀어내듯이 걷는다. 이렇게 걷도록 세심하게 가르쳐 주자.

키를 쑥쑥 늘리는 성장 운동과 지압

성장호르몬 분비를 활성화하려면 몸을 자극하는 방법이 가장 좋다. 몸을 자극한다는 것은 활동량을 높이고 뼈와 관절을 이완시켜 몸을 부드럽게 하는 것이다. 운동과 스트레칭, 지압은 몸을 자극하는 가장 효과적인 방법이다.

운동을 하면 성장호르몬이 최대 25배까지 올라간다는 연구 결과에서도 알 수 있듯이 운동은 성장판을 자극해 성장호르몬 분비를 촉진하고 뼈를 튼튼하게 해준다. 성장호르몬은 운동을 하면 분비되며 운동이 끝나고 30분이 지났을 때 가장 활발하게 분비된다.

하지만 모든 운동이 성장에 좋은 것은 아니다. 피로감을 느낄 정도로 격하게 움직이거나 체력 소모가 큰 운동은 좋지 못하며, 역도나 씨름, 레슬링처럼 하체에 힘이 많이 실리거나 과도하게 근육을 사용하는 운동은 성장에 방해가 된다. 성장에 도움이 되는 운동은 줄넘기, 달리기, 자전거 타기, 수영 같이 가벼운 정도이며 농구, 배구 등 몸을 길게 늘여주는 운동도 좋다.

성장 운동의 핵심은 점핑과 스트레칭이다. 점핑은 몸을 위아래로 움직이며 성장판을 직접 자극하고, 스트레칭은 뼈와 관절을 이완시키고 몸을 부드럽게 해준다. 가장 효과적인 운동은 줄넘기다. 줄넘기는 발목과 무릎, 척추의 성장판을 자극해 성장을 돕고 전신의 근육을 균형 있게 발달시킨다. 한 번에 200개씩 5회 정도 실시하면 효과를 볼 수 있고, 체력에 따라 횟수를 늘려도 좋다. 점핑은 착지할 때 무릎이나 관절에 무리를 줄 수 있으므로 충격 흡수가 좋은 운동화를 착용하고 시멘트 바닥보다는 흙이나 나무 바닥에서 하도록 한다.

운동의 효과를 보려면 1회 실시할 때 최소 20분 이상 지속적으로 하고, 1주일에 3회 이상 꾸준히 해야 한다. 반대로 1시간 이상 운동하는 것은 몸에 무리가 갈 수 있으므로 한번에 몰아서 운동하지 않도록 한다.

잠자기 전 10분, 스트레칭을 하세요

잠자리에 들기 전 가벼운 스트레칭은 근육을 이완시키고 피로를 없앨 수 있어 건강에도 매우 좋다.

모관운동 | 직립보행을 하는 인간의 특성상 하체에 피로가 몰리기 쉽다. 다리를 상체보다 높이 들어 하체로 몰린 혈액이 원활하게 돌도록 하는데 가장 효과적인 운동이 바로 모관운동이다. 자리에 편하게 눕고, 양팔과 다리를 천장을 향해 치켜들어 40~60초 정도 가볍게 털어 준다. 그런다음 단번에 힘을 빼고 팔과 다리를 바닥으로 툭 떨어뜨린다.

상하체 늘리기 | 천장을 보고 편하게 눕고, 손등을 마주 보게 하고 머리 위로 쭉 뻗는다. 고개를 위로 젖혀 손등을 바라보아 목이 길게 늘어나게 하고, 발끝도 쭉 뻗어 몸 전체가 길게 늘어나도록 한다. 5초간 실시했다가 몸에 힘을 빼 휴식을 취한다. 5회 반복해서 실시한다. 전면의 운동이 끝나면 배가 바닥에 닿도록 엎드리고 몸이 T자가 되도록 다리는 붙이고 양팔을 벌린다. 발끝을 쭉 뻗으면서 턱을 들어 목을 길게 늘여 준다. 이 자세에 익숙해지면 복부에 힘을 주고 양다리를 살짝 들어주어도 좋다. 5회 반복한다.

꼭꼭 누르면 쑥쑥 자라요

성장에 도움이 되는 지압점을 누르면 키 크는 효과를 볼 수 있다. 성장 지압은 다리의 지압점을 누르는 것인데 다리의 피로도 풀 수 있어 일석이조다.

위중 | 무릎 뒤쪽의 가운데 부분으로, 무릎을 쭉 펴고 앉은 자세에서 양손 엄지가 위중에 오도록 다리를 잡고 10초간 세게 눌러 준다. 5회 반복하고 다른 쪽 다리도 지압한다. 무릎의 성장판을 자극해 성장을 촉진한다.

삼음교 | 안쪽 복사뼈에서 손가락 4마디 정도 들어간 부분으로, 엄지를 이용해 10초 정도 세게 눌러 준다. 5~10회 실시하고 다른 쪽 다리도 지압한다. 삼음교는 성장이 가장 왕성하게 일어나는 지점으로 수시로 지압하면 효과를 볼 수 있다.

양슬안 | 무릎 아래를 만져보면 오목하게 들어간 부분이 있는데 이 지점이 양슬안이다. 무릎을 세우고 앉아 엄지가 양슬안에 오도록 다리를 잡고 10초 동안 세게 눌러 준다. 5회 반복하고 다른 쪽 다리도 지압한다. 다리에 있는 성장혈을 자극해 성장을 촉진하고 다리를 튼튼하게 해준다.

승산 | 복사뼈 뒤쪽 아킬레스건을 따라 종아리 쪽으로 올라가다 보면 종아리 중간 지점에 근육의 경계선 부분이 만져지는데 이곳이 승산이다. 무릎을 세우고 엄지가 승산에 오도록 다리를 감싸 쥐고, 승산을 20초간 세게 누른다. 종아리에 있는 성장혈을 자극해 종아리가 길어지도록 도와준다.

식습관을 고쳐 숨은 키를 잡는다

제대로 성장하려면 충분한 영양이 공급되어야 한다. 성장기의 영양은 양질의 비료와 같아서 키를 잘 자라게 하고 근골격을 튼튼하게 해준다. 아이의 성장을 생각한다면 올바른 식습관을 갖도록 지도하는 것이 먼저다.

과도한 영양 섭취는 비만을 불러요

요즘 아이들은 지방과 단백질, 당분을 과도하게 섭취한다. 지방이 많은 고기, 기름진 음식, 단맛이 강한 음식 등은 몸을 성장하게 하는 단백질 공급원이 아니라 살을 찌우는 지방 덩어리가 될 수 있다. 성장기에 지나친 지방 섭취는 지방 세포 수를 늘려 소아비만에 이르는 지름길이 되므로 지나친 육류와 유지방 제품, 당분 등은 자제해야 한다. 또 두뇌계발에 좋은 식물성 지방도 지나치게 섭취하면 해가 되므로 몸에 좋은 기름을 사용했다 하더라도 튀김이나 볶음 요리는 적절히 제한하는 것이 좋다.

인스턴트식품 섭취를 제한해요

직장일로 바쁜 워킹맘이나 요리 솜씨가 부족한 엄마들은 식사를 준비하거나 간식을 만들 때 인스턴트식품을 많이 사용한다. 하지만 완제품 형식의 식품에는 다양한 인공첨가물이 들어 있기 때문에 건강에 이롭지 못하다. 또한 피자, 햄버거, 탄산음료, 과자 등 패스트푸드도 열량은 높은 반면 영양소는 부족해 성장에 도움을 주지 못한다. 아이들이 인스턴트식품에 입맛이 길들면 채소나 과일이 가진 고유의 맛을 느끼지 못하고 점점 더 자극적인 맛을 찾게 되므로 유년기부터 올바른 식습관 관리가 필요하다.

규칙적인 식사로 편식을 예방해요

성장기 아이의 편식은 영양 불균형을 부르고 비만이나 성장발달저하를 가져온다. 편식하는 아이를 보면 온종일 무언가를 먹고 있다. 평소에 잘 먹지 않는 탓에 자신이 좋아하는 무언가를 먹을 때 엄마가 제어하지 않기 때문이다. 이런 습관이 굳어지면 영양 불균형 상태가 되기 쉽다. 규칙적인 식사는 건강을 유지하고 성장을 촉진하는 기본이다. 편식하는 아이들은 입맛에 맞는 것을 수시로 먹기 때문에 정작 식사시간이나 간식시간에는 음식을 먹지 않는 경우가 많다. 따라서 규칙적으로 식사하고 충분히 놀게 하면 배고픔을 느끼게 되어 이것저것 가리는 편식은 사라지게 된다.

반드시 아침식사를 해요

시간이 없다는 핑계로, 입맛이 없다는 이유로 아침밥을 거르는 아이들이 많다. 하루 3번의 식사는 활동하는 데 필요한 에너지를 공급해주는 주요 공급처다. 매끼가 모두 중요한데 특히 아침밥은 필수이다. 아침 식사를 거르면 혈당량이 떨어져 집중력이 저하되고 두뇌 움직임이 떨어진다. 또한 소모된 체력을 보충해주지 못하기 때문에 기력이 부족해진다. 이렇게 허약한 상황이 되면 제대로 자라기 위한 환경이 만들어지지 못하기 때문에 성장에도 빨간불이 들어온다. 아침 식사를 제대로 준비하기 어렵다면 간단한 샐러드나 과일, 빵, 수프 등으로 요기하는 정도도 괜찮다. 잘게 썬 채소와 밥을 볶아 동그랗게 뭉친 주먹밥은 맛도 좋고 먹기도 간단해 아침 메뉴로 좋다.

환경호르몬이 없는 식기를 사용해요

색깔이 예쁜 법랑, 알록달록하게 코팅된 그릇을 아이 식기로 사용하는데 코팅이 벗겨지면 건강을 해칠 수 있다. 또 알루미늄이나 플라스틱 그릇은 고온에 약한데 이런 그릇에 높은 온도에서 가열하는 요리를 담지 않도록 한다. 특히 플라스틱 용기는 환경호르몬이 나와 성장호르몬 촉진을 방해하므로 유리 그릇이나 질 그릇, 스테인리스 그릇을 사용하는 것이 좋다. 플라스틱 형태라 하더라도 환경호르몬이 없는 제품도 있으니 신중하게 선택하도록 한다.

영양 균형이 잡힌 식단을 구성해요

신체 발달에 좋은 식품이 두뇌 발달에도 도움이 된다. 뇌와 중추신경계를 활성화하는 음식으로 잘 알려진 DHA는 뇌 세포막에 직접 작용하여 뇌 세포 구성에 필요한 인지질을 만들며 두뇌 기능을 강화시킨다. DHA는 등푸른생선과 건과류에 많이 들어 있으나 오래 보관하면 산화되기 쉬우므로 즉시 신선한 상태로 먹는 것이 좋다. 비타민 B와 C는 뇌 세포를 활성화하고 피로를 감소시키고, 양질의 단백질은 뇌 세포의 재료가 되므로 어린이의 두뇌 개발에 꼭 필요한 음식이다.

엄마표 보약 음료

아이는 몸이 아프거나 체력이 저하된 상태에서는 아무리 맛있는 음식도 먹으려 하지 않는다. 설사, 변비,
구토 등 가벼운 질환에는 약보다 엄마표 보약 음료로 증상을 잠재우는 것이 효과적이다.

설사가 심할 때

부추된장차 | 된장과 부추는 몸속에 쌓인 독소를 제거하고 뱃속을 편하게 해 주는 작용을
한다. 특히 부추는 속을 따뜻하게 해 주는 역할을 해 찬 음식을 많이 먹어 배앓이나 설사
를 하는 증상에 효과가 좋다. 된장 1/2큰술을 따뜻한 물 1컵에 풀고 송송 썬 부추를 띠워
아이에게 마시게 하면 설사나 배앓이에 금방 효과가 있다.

사과보리차 | 사과 1/2개를 얇게 썰어 보리차 1컵에 넣고 끓인 후 사과를 면보에 걸러 차
로 마신다. 탈수에 효과가 있고, 성질이 따뜻한 사과가 장을 보호해 주어 설사를 멎게 하
는 효과가 있다.

**갑자기
열이 날 때**

오이즙셔벗 | 열이 날 때는 수분 섭취가 중요하다. 아이가 물을 원할 때마다 보리차나 당
분이 적은 과즙 등으로 수분을 보충해주는 것이 좋다. 오이는 미네랄과 수분이 풍부해 갑
자기 열이나 갈증이 심하고 탈수증세를 보일 때에 좋다. 오이를 곱게 강판에 갈고 즙을 짜
냉동실에 넣고 탈수증세를 보일 때 포크로 긁어 셔벗처럼 만들어 먹는다. 기호에 따라 올
리고당이나 꿀을 약간 섞어도 좋다.

배즙 | 배는 수분이 많고 맛이 달아 열로 인한 탈진에 좋다. 배를 곱게 갈아 면보에 꼭 짠
후 즙을 수시로 마시게 하면 부작용 없이 열이 빨리 떨어진다.

감기가 잦을 때

무꿀차 | 무를 곱게 채 썰어 꿀에 재웠다가 우러나온 물을 따뜻한 차로 타서 수시로 마시게 하면 아이의 폐 기능이 좋아지고 감기 예방 효과가 있다. 목에서 가래 끓는 소리가 날 때 좋다.

콩나물꿀차 | 기력이 저하되거나 피로해서 걸린 감기에 효과가 있다. 콩나물 100g을 잘 씻어 바닥이 두꺼운 냄비에 깔고, 꿀 3~4큰술 넣고 약한 불로 끓이면 수분이 나온다. 이 물을 따뜻하게 데워 아이에게 수시로 마시게 하면 초기 감기와 목감기에 효과가 있다.

변비가 심할 때

바나나밀크티 | 바나나는 섬유질이 많고 단맛이 나 아이들이 잘 먹는다. 바나나 1개와 우유 1컵을 믹서에 넣어 곱게 갈고 미지근하게 데운 후 계핏가루나 코코아가루를 뿌려 먹이면 일시적 변비증세에 효과가 있다.

다시마차 | 사방 5×5센티미터 정도의 다시마에 물 1컵을 부어 두면 끈끈한 점액성분이 나오는데 이것이 다시마의 섬유질인 알긴산이다. 이 다시마 물을 미지근하게 데워 아이에게 아침마다 먹이면 고질적인 변비에 효과가 좋다.

갑자기 토할 때

무차조차 | 어린 아이는 위의 기능이 미숙하고 주변 환경에 예민해서 스트레스를 받으면 바로 토하거나 체하기가 쉽다. 이럴 때 곱게 채 썬 무 1/2컵과 불린 차조 1큰술, 물 1컵을 넣고 중불로 충분히 끓여 식혀 먹이면 무의 소화효소가 속을 진정시키며 소화를 촉진한다. 차조는 헛구역질을 막는 역할을 한다.

생강차 | 생강은 몸을 따뜻하게 하고 면역력을 높여주고 소화력을 높여 구토증세에 효과가 있다. 물 3컵에 생강 2~3쪽을 넣고 은근하게 끓여서 먹이면 되는데 아이가 생강 맛을 싫어하면 감초나 사과를 넣고 같이 끓여도 좋다.

천연 양념으로 아이 입맛 살리기

아이의 건강과 성장을 생각한다면 홈메이드 양념을 준비해 보자. 천연 양념 가루나 천연 국물은 냉장보
관하면 오래 먹을 수 있어 요리할 때 사용이 간편하고 시간도 줄여 준다. 깊은 맛과 영양은 덤으로 따라
온다.

아이들이 좋아하는 홈메이드 양념

» 첨가물 제로, 토마토케첩

재료 | 토마토 5개, 설탕 · 식초 · 소금 · 흰 후추 적당량, 월계수 잎 1장

1 토마토는 윗부분에 십자로 칼집을 넣고 끓는 물에 넣어 껍질을 벗겨 낸다.
2 1의 토마토를 대충 으깨거나 믹서로 갈아 냄비에 담고 뭉근한 불에 월계수 잎을 넣고
   조린다.
3 적당한 농도가 되면 체에 거르고 기호대로 설탕, 소금, 식초를 넣고 한소끔 끓인 후 소
   독한 병에 담아 두고 요리에 곁들이거나 소스로 사용한다.

쿠킹 팁 … 홈 메이드 토마토케첩 1컵에 고추기름 3~4큰술, 꿀 2큰술을 넣으면 매콤달콤
한 스위트칠리소스가 된다.

» 트렌스지방 걱정 없는 올리브유마요네즈

재료 | 달걀노른자 1개, 올리브유 1컵, 설탕 1작은술, 소금 1/2작은술, 화이트와인 1작은
술, 식초 1/2작은술, 레몬즙 1/2작은술, 양 겨자 1작은술

1 달걀은 노른자와 흰자를 분리하고 노른자만 볼에 담는다.
2 노른자에 올리브유를 조금씩 부어가며 저어준다.
3 기름을 다 넣고 뻑뻑하게 만들어지면 나머지 재료를 넣고 고루 저어준다.
4 각종 요리의 소스를 만들 때 사용한다. 밀폐 용기에 넣으면 2주 정도 보관 가능하다.

쿠킹 팁 … 올리브유마요네즈 4큰술에 꿀 1큰술, 양 겨자 1큰술을 넣으면 아이들이 좋아하
는 허니머스터드소스가 된다.

» 만능 볶음장, 다래 간장소스

재료 | 간장 1/2컵, 물 1/2컵, 조청 2큰술, 마늘 2톨, 생강 1/2쪽, 양파 1/4개, 배 1/4개, 사
과 1/4개, 대파 1대

1 분량의 재료를 모두 담고 센 불에서 끓인다.
2 끓어오르면 불을 줄이고, 채소가 말갛게 익을 때까지 끓인 후 체에 걸러 식혀 병에 담
   는다.

쿠킹 팁 … 다래 간장소스는 짠맛이 적고 단맛이 있어 아이들의 입맛에 맞는다. 조림이나
볶음에 사용하면 요리 시간을 단축할 수 있다.

요리 맛을 업그레이드 시키는 천연 양념 가루

» 홍합가루

재료 | 마른 홍합 1컵

마른 홍합을 체에 밭쳐 흐르는 물에 재빨리 씻고, 달군 프라이팬에 볶은 후 분쇄기에 넣고 곱게 간다. 미역국, 된장국, 해물탕 등에 개운한 국물맛을 내거나 나물을 무칠 때 사용한다. 전을 부치거나 수제비, 칼국수 반죽을 할 때 넣어도 맛이 좋다.

» 멸치가루

재료 | 중멸치 1컵

멸치는 머리와 내장을 제거하고, 달군 프라이팬에 넣어 노릇하게 볶은 후 분쇄기에 넣고 곱게 간다. 멸치가루는 각종 국, 찌개, 전골국물이나 육수를 낼 때 사용하면 시원하고 깔끔한 맛을 낸다. 특히 된장찌개나 국, 국수장국 등에 이용하면 빠른 시간에 국물맛을 낼 수 있다.

» 새우가루

재료 | 마른 새우 1컵

새우는 잔가시와 이물질을 잘 손질하고, 달군 프라이팬에 볶은 후 분쇄기에 넣고 곱게 간다. 감칠맛이 좋고 색이 고와서 수프나 덮밥 국물, 된장국, 찌개에 이용하면 좋다. 또 나물을 무칠 때, 국물 요리의 육수를 만들 때나 조림·볶음 요리에 사용하면 새우 특유의 맛과 향이 우러나 간을 약하게 해도 감칠맛이 난다.

» 북어가루

재료 | 북어포 1컵

북어채 한 줌을 적당한 크기로 찢은 후 분쇄기에 넣고 곱게 간다. 북어가루는 국, 찌개, 전골 등 국물요리에 넣으면 따로 육수를 낼 필요가 없어 간편하게 요리할 수 있다. 해산물 무침, 해물찜 등에 섞으면 구수한 맛이 난다.

» 다시마가루

재료 | 다시마 10×10 2장

젖은 면보로 표면에 묻어 있는 흰 가루를 닦은 후 달군 프라이팬에 앞뒤로 바삭하게 굽는다. 구운 다시마는 적당한 크기로 자른 후 분쇄기에 넣고 곱게 갈아 체에 거른다. 다시마가루는 국, 찌개, 전골 등에 넣으면 감칠맛 나는 국물을 만들 수 있다. 단 너무 많은 양을 넣으면 음식이 검은빛을 띠고 뻑뻑해지므로 과하게 사용하지 않도록 한다.

» 표고가루

재료 | 마른 표고 10개

껍질 색이 진하고 표면에 금이 가 있는 것을 골라 손으로 작게 부수고, 달군 프라이팬에 볶은 후 분쇄기에 넣고 곱게 간다. 표고가루는 된장찌개나 채소조림, 볶음, 국 등 다양한 요리에 쓰면 좋다. 특히 국물요리에 넣으면 고기 육수를 사용한 것보다 국물맛이 더욱 깊어진다.

인공 조미료 걱정 없는 천연국물

» 다시마육수

재료 | 다시마 10×10 2장, 무 1/6개, 물 10컵

다시마의 표면을 닦아내고 찬물에 담가 3~4시간 정도 불린다. 무는 잘 씻어 껍질째 두툼하게 썬다. 냄비에 다시마 물을 붓고 다시마와 무를 넣고 중약불로 끓인다. 끓어오르면 다시마는 건져 내고 무는 말갛게 익을 때까지 끓여 체에 거른다. 다시마육수는 시원하며 감칠맛이 있어 맑은 탕이나 전골에 잘 어울린다.

» 멸치육수

재료 | 국물용 멸치 20마리, 다시마 5×5 1장, 물 10컵

멸치는 내장과 머리를 떼어 내고 기름을 두르지 않은 냄비에 달달 볶는다. 여기에 다시마와 찬물을 부어 중약불로 끓인다. 거품을 걷어 내며 끓이고 끓어오르면 체에 거른다. 끓기 시작해서 10~15분 정도면 완성된다. 칼칼하고 개운한 국물맛을 내서 된장이나 고추장찌개에 잘 어울리고, 아이들이 좋아하는 떡볶이나 어묵탕에 넣으면 맛있다.

» 표고육수

재료 | 마른 표고버섯 5개, 다시마 5×5 1장, 물 10컵(표고 버섯 우린 물 5컵, 물 5컵)

마른 표고버섯을 흐르는 물에 잘 씻어 건진 후 찬물에 담가 부드럽게 불린다. 불린 표고버섯은 꼭 짜고, 불린 물은 버리지 말고 육수로 이용한다. 표고버섯을 기름을 두르지 않은 냄비에 넣고 살짝 볶다가 표고버섯 불린 물을 넣고 중약불에서 서서히 끓인다. 구수하고 깔끔한 단맛이 있어 된장찌개나 맑은 채소국에 어울린다. 아토피나 단백질 알레르기가 있는 아이들에게 좋다.

» 자투리채소육수

재료 | 애호박 1/4개, 당근 1/5개, 양파 1/4개, 마른 표고버섯 1개나 버섯자투리 약간, 다시마 5×5 1장, 물 10컵

냉장고에 있는 단단한 채소들을 모아 육수를 낸 것으로 깔끔하고 단맛이 있어 죽을 끓일 때나 이유식, 맑은국이나 찌개 등에 이용하면 좋다. 다시마 1장을 넣고 물을 끓이고, 끓어오르면 다시마를 건져낸 후, 자투리 채소를 넣는다. 채소들이 말갛게 익을 때까지 끓인 다음 채소 건더기를 체에 거른다. 채소는 될 수 있으면 큼직한 덩어리째로 사용해야 끓는 동안 채소가 뭉그러져 국물이 탁해지지 않는다.

» 양지(사태)육수

재료 | 양지(사태) 600g, 대파 1대, 양파 1/2개, 마늘 5~6톨, 생강 1쪽, 물 15컵

진한 감칠맛이 있어 국이나 찌개에 잘 어울리고 떡국이나 장국부터 찌개나 전골까지 두루 사용할 수 있다. 많은 양의 국물을 낼 때는 양지나 사태를 이용하고 간단한 찌개나 국일 때는 등심을 잘게 썰어 볶다가 물을 부어 끓여도 된다.

고기는 덩어리로 준비해 1~2시간 정도 찬물에 담가 핏물을 뺀다. 끓는 물에 대파, 양파, 마늘, 생강을 넣고 5분 정도 향을 우린다. 여기에 고기를 넣고 국물맛이 우러날 정도로 푹 끓인다. 국물을 체에 거르고 고깃덩어리는 따뜻한 물에 씻어 비계를 제거하고 얇게 자르거나 찢어 사용한다.

알아두면 좋은 제철 식재료

제철 식품은 가격도 저렴하고 영양도 풍부한 먹을거리다. 추운 계절에는 따뜻한 성질의 식재료가 나고 더운 계절에는 차가운 성질의 식재료가 자라는데 이러한 제철 식품을 먹이면 그 계절을 이겨낼 수 있는 건강을 채울 수 있다.

봄

추운 겨울 동안 우리 몸은 에너지를 많이 소비하여 체력이 저하되고 피로가 쌓여 있다. 따라서 몸속 노폐물을 없애고 에너지를 돋울 수 있는 영양식을 준비하는 것이 좋다. 봄나물은 비타민과 무기질이 풍부해 활력을 불어 넣고 피로회복에 도움을 준다.

채소·과일 | 미나리, 달래, 봄동, 머위, 취나물, 돌나물, 도라지, 더덕, 마늘종, 마늘, 양파, 완두콩, 파, 양배추, 냉이, 씀바귀, 쪽파, 고들빼기, 쑥, 두릅, 양상추, 보리, 상추, 아스파라거스, 머위, 딸기, 살구

해산물·생선 | 물미역, 톳, 파래, 대합, 모시조개, 꼬막, 바지락, 김, 조기, 병어, 도미, 뱅어, 김, 멍게, 참치, 멸치, 북어포, 주꾸미, 꽃게, 갈치

여름

날씨가 더워지면 땀을 많이 흘려 체내 수분이 부족해지기 쉽고 기력이 저하되고 입맛이 떨어진다. 갈증을 해결할 수 있는 채소와 체력을 보해주는 식재료로 영양을 보충해야 한다.

채소·과일 | 오이, 풋고추, 옥수수, 단호박, 깻잎, 감자, 셀러리, 토마토, 가지, 피망, 애호박, 고구마순, 노각, 열무, 꽈리, 늙은호박, 근대, 부추, 매실, 멜론, 참외, 포도, 수박, 복숭아

해산물·생선 | 전복, 삼치, 준치, 민어, 전갱이, 장어, 농어, 갑오징어, 잉어, 성게, 병어, 넙치

가을

가을에 보약을 많이 먹는데, 이는 다가올 겨울을 이겨낼 체력을 다지기 위함이다. 가을 식재료는 단단하고 속이 꽉 찬 것이 많고 영양이 풍부하기 때문에 체력 보충에 더없이 좋다.

채소·과일 | 양송이, 가을 양배추, 표고버섯, 느타리버섯, 풋콩, 토란, 당근, 고구마, 배추, 연근, 우엉, 대파, 무, 밤, 은행, 호두, 오미자, 사과, 감, 배, 대추, 석류

해산물·생선 | 해파리, 대하, 꽁치, 고등어, 갈치, 청어, 홍합, 방어, 옥돔, 대구, 연어

겨울

겨울은 몸이 움츠러드는 시기이기 때문에 평소보다 영양이 높은 음식을 먹는 것이 좋고, 운동 부족이 되지 않기 위하여 활동성을 키워야 한다. 겨울 식재료는 땅의 기운을 담은 것들이 많아 기력 충전에 도움이 된다.

채소·과일 | 콜리플라워, 우엉, 연근, 쑥갓, 브로콜리, 시금치, 고비, 참취, 순 무, 움파, 원추리, 산마, 귤, 한라봉, 참다래

해산물·생선 | 넙치, 복어, 낙지, 문어, 명태, 아귀, 해삼, 다시마, 굴, 청각, 파래, 꼬막, 굴, 홍합

CHAPTER 02

에너지를 채우는 봄 밥상

봄은 만물이 소생하는 계절이지만
아이들은 추운 겨울을 지내느라 에너지 소모가 많아 기력이 저하된 시기이다.
체력을 보충하지 않으면 겨우내 쌓였던 피로가 회복되지 못하고,
다가올 여름 더위에 쉽게 지치게 된다.
봄에 나는 제철 채소와 과일로 비타민과 무기질을 보충하고 생선과 고기 등
양질의 단백질을 섭취하는 것이 좋다.

미나리콩나물영양밥

미나리는 비타민 A와 C가 풍부하고 성장기 아이들에게 필요한 칼슘, 칼륨이 함유되어 있다. 미나리는 성질이 서늘해 몸의 열을 없애고 갈증을 해소한다. 미나리 특유의 향은 식욕을 돋우는 효과가 있고, 미나리 안에는 섬유질이 많아 장의 운동을 활발하게 하는 등 아이들의 성장과 비만 해소에 좋다.

재료

미나리	10줄기
콩나물	1줌
당근	1/8개
양파	1/4개
쌀	1컵
다시마 물	1¹⁄₃컵

양념장

송송 썬 쪽파	1큰술
간장	2큰술
깨소금	1큰술
참기름	1큰술

1 미나리는 여린 줄기로만 다듬어 잘 씻고, 5센티미터 길이로 자르고, 콩나물은 꼬리끝만 살짝 다듬어 씻는다.

2 당근과 양파는 5센티미터 길이로 곱게 채 썬다.

3 쌀은 잘 씻어 30분 정도 불린 후 체에 밭친다.

4 모든 재료를 고루 섞어 담고 다시마 물을 부어 밥을 짓는다.

5 밥을 공기에 담고, 양념장을 곁들여 낸다.

✎ **미나리는 해독 작용이 뛰어나요**

미나리는 특유의 향이 있어 생선이나 고기를 요리할 때 넣으면 비린내가 제거된다. 또한 해독 작용이 있어 복어 같은 생선의 독도 분해한다. 미나리와 콩나물을 같이 넣고 밥을 지으면 단백질이 보충된다.

봄동바지락된장국

봄동은 노지에서 겨울을 나며, 속이 꽉 차지 않고 잎이 옆으로 퍼진 배추를 말한다. 섬유질이 풍부해 장운동을 좋게 하고, 비타민과 아미노산이 풍부하여 면역력 향상에 도움을 준다. 달고 씹히는 맛이 좋아 겉절이나 쌈으로도 좋다.

재료

봄동(소)	1포기
바지락	1/2컵
쌀뜨물	2컵
다시마	(5×5) 1장
쪽파	1대
된장	1큰술
다진마늘	1작은술
소금 · 후춧가루	약간

1 봄동은 시든 잎을 떼어내고, 밑동을 자른 후 끓는 물에 소금을 약간 넣고 데친다. 데친 봄동은
  물기를 빼고 3센티미터 길이로 자른다.

2 냄비에 바지락과 다시마를 넣고, 쌀뜨물을 부어 중불로 끓인다.

3 물이 끓어오르고 바지락이 입을 벌리면 체에 거르고, 된장을 풀어 팔팔 끓인다. 바지락은 꺼내
  따로 분리한다.

4 3에 봄동을 넣고 중불로 10분 정도 끓인다.

5 쪽파를 송송 썰어 넣고, 다진마늘, 바지락을 넣고 한소끔 끓인 후 소금, 후춧가루로 간한다.

✎ **봄동은 오래 보관하면 영양분이 손실되요**

요리한 후 남은 봄동은 신문지나 키친타월에 싸서 일주일 정도 보관이 가능하지만 오래 묵을수
록 비타민 손실이 많고 질겨진다. 봄동을 나물이나 겉절이로 먹을 때 참기름을 곁들이면 비타
민 A의 흡수를 원활히 하고 뻣뻣한 맛이 감소한다.

양배추쇠고기롤

양배추는 염증이나 궤양치료에 좋은 비타민 U와 출혈을 막아주는 비타민 K가 함유되어 있어 소화기에 문제가 있는 아이들의 장 건강에 도움을 준다. 또한 위산 분비가 활발한 아침에 먹으면 속을 편하게 하고 배변 활동을 원활하게 도와준다.

재료
발아현미밥 ·················· 1공기
양배추 ·························· 6장
쇠고기 다짐육(우둔살) ······· 80g

쇠고기양념
간장 ·························· 1큰술
설탕 ······················ 1/2작은술
참기름 ······················ 1작은술
다진 파 ······················ 1작은술
다진 마늘 ··················· 1/2작은술
깨소금 ····················· 1/2작은술
후춧가루 · 통깨 ················ 약간

1 양배추는 잘 씻어 끓는 물에 데친 후 도톰한 부분을 저며 내고 수분을 제거한다.

2 김발 위에 양배추를 겹쳐 깐다.

3 쇠고기는 쇠고기양념으로 조물조물 밑간한 후 기름을 두르지 않은 프라이팬에 볶아 식힌다.

4 2위에 현미밥을 깔고, 3의 볶은 쇠고기를 넣고 김밥 말듯이 꼭꼭 눌러 만 후 1.5센티미터 두께로 썰어 통깨를 뿌려 낸다.

◈ 양배추는 심지를 제거하고 데치세요

양배추는 잎 가운데 두툼한 심지가 있는데 이 부분은 잘 익지 않고, 씹기에도 불편하기 때문에 잘라내고 데치는 게 좋다. 심지를 잘라내지 않고 그대로 데치면 잎은 빨리 익고 심지는 익지 않아 고루 데칠 수 없다.

양파함박스테이크

양파는 혈관을 깨끗하게 하는 성분인 퀘세틴이 풍부해 평소 인스턴트식품이나 패스트푸드를 즐겨 먹거나 과도한 육식으로 비만이 된 아이들의 혈관을 깨끗이 하는데 도움을 준다. 육류와 곁들이면 육류의 누린내를 제거하고 비타민 B군의 흡수를 촉진한다.

재료

양파	1/2개
당근	1/8개
돼지고기 다짐육	1/2컵
쇠고기 다짐육	1/3컵
빵가루	3큰술
달걀노른자	1개
올리브유	1큰술
소금 · 후춧가루	약간
토마토케첩 또는 스테이크 소스	약간

1 양파와 당근은 곱게 다지고, 달군 프라이팬에 올리브유 1작은술을 두르고, 소금, 후춧가루로 간을 한 후 각각 볶아 식힌다.

2 돼지고기 다짐육과 쇠고기 다짐육은 키친타월로 눌러 핏물을 닦아 낸다.

3 볼에 1, 2의 재료와 빵가루, 달걀노른자, 소금, 후춧가루를 넣고 끈기가 생기도록 치댄다.

4 반죽을 아이 손바닥 크기의 럭비공 모양으로 도톰하게 빚는다.

5 달군 프라이팬에 올리브유 2작은술을 두르고, 4를 올려 노릇하게 구워 접시에 담고, 토마토케첩이나 스테이크소스를 곁들여 낸다.

✎ **채소는 충분히 익히고 수분을 제거하세요**

양파와 당근은 충분히 익혀 함박스테이크 넣어야 반죽을 굽는 동안 채소의 수분이 빠져나와 스테이크가 갈라지는 것을 막을 수 있다.

톳잔멸치밥전

톳은 대표적인 알칼리성 식품으로 혈액을 깨끗하게 해주고 체내 독소를 배출시킨다. 특히 칼슘, 철분, 칼륨, 요오드 등 부족하기 쉬운 각종 무기질과 비타민이 풍부해 아이들의 성장에 좋다. 톳이 나지 않는 계절에는 말린 톳이나 냉동 톳을 사용한다.

재료
톳	1컵
잔멸치	3큰술
당근	1/8개
양파	1/4개
현미밥	1/2공기
밀가루	3큰술
달걀노른자	1개
소금 · 후춧가루	약간
식용유	적당량

1 톳은 잘 씻어 잘게 자르고 체에 밭친다.

2 당근과 양파, 잔멸치는 굵직하게 다진다.

3 볼에 1, 2의 재료와 현미밥, 밀가루, 달걀노른자를 넣고 반죽한 후 소금, 후춧가루로 간을 맞춘다.

4 달군 프라이팬에 식용유를 두르고, 3의 반죽을 한 수저 크기로 떠 넣은 후 노릇하게 익혀 낸다.

🖉 **밀가루를 넣으면 반죽이 잘 섞여요**

밥알의 끈기만으로는 반죽이 잘 뭉치지 않는데, 이때는 밀가루를 섞어 주는 것이 좋다. 현미밥 대신 기호에 따라 율무나 검은 콩밥 등을 이용해도 맛있다.

바지락칼국수

바지락에는 아미노산과 칼슘이 풍부하고 면역기능을 향상시키는 마그네슘과 피로회복에 좋은 타우린 성분이 많이 들어 있다. 타우린은 체력이 약해 집중력이 떨어지고 허약한 아이에게 좋은 천연 영양성분 이다. 바지락은 산란기를 앞둔 봄철에 맛과 영양이 가장 뛰어나다.

재료

바지락	1컵
칼국수 생면	1묶음
애호박	1/6개
감자	1/2개
대파	1/6대
다시마 물	3컵
국간장	2작은술
다진 마늘	1작은술
소금·후춧가루	약간

1 다시마 물에 바지락을 넣고, 바지락이 입을 벌릴 때까지 끓여 체에 거른다. 바지락은 따로 건져 둔다.

2 애호박과 감자는 굵직하게 썰고, 대파는 어슷 썬다.

3 냄비에 1의 다시마 물을 담고, 국간장으로 색을 낸 후 끓인다.

4 끓어오르면 칼국수 생면을 털어 넣고, 젓가락으로 휘휘 저어가며 익힌다.

5 면이 반쯤 익으면 감자와 애호박을 넣고 익힌다.

6 면이 다 익으면 다진 마늘과 어슷 썬 대파, 바지락을 넣고 한소끔 끓인 후 소금, 후춧가루로 간을 맞추어 낸다.

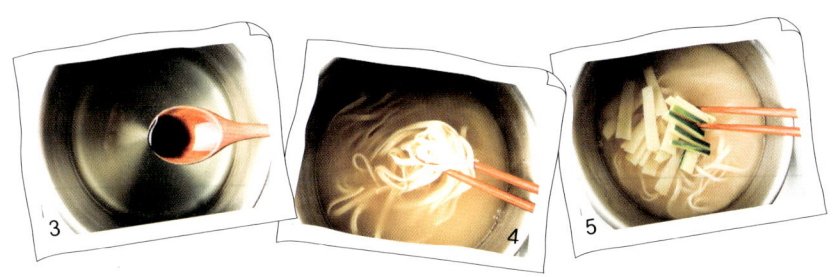

✎ **칼국수에 묻은 덧가루는 털어내세요**

칼국수를 끓일 때는 면에 묻어 있는 덧가루를 털어 내고 넣어야 국물이 맑고 깨끗하다. 기호에 따라 간장 대신 된장으로 간을 하면 색다른 맛이 난다.

양파소스조기구이샐러드

조기(助氣)는 '기운을 돕는다.'라는 이름으로, 단백질이 풍부하며, 배탈이나 설사에 좋고 소화장애를 다스려준다. 아이들에게 조기를 먹일 때 살을 발라 그대로 주는데, 각종 채소와 섞어 샐러드를 만들어 주면 먹기도 좋고 영양도 풍부해진다.

재료

참조기	2마리
양상추	3장
치커리	2줄기
양파	1/4개
노란 파프리카	1/4개
방울토마토	3개
녹말가루	2~3큰술
굵은 소금	약간
식용유	적당량

양파소스

양파	1/4개
간장	2큰술
식초	2큰술
레몬즙	1큰술
설탕	1큰술
참기름	1작은술

1 조기는 비늘을 긁고 지느러미를 잘라내고, 옅은 소금물에 씻은 후 굵은 소금을 약간 뿌려둔다.

2 1의 조기에 녹말가루를 고루 묻히고, 기름을 넉넉히 두른 프라이팬에 튀기듯이 바삭하게 구워 낸 후 살만 먹기 좋게 발라낸다.

3 양상추와 치커리는 잘 씻어 손으로 먹기 좋게 뜯어 찬물에 담갔다 건진다.

4 양파와 노란 파프리카는 곱게 채 썰고, 방울토마토는 반으로 가른다.

5 소스용 양파는 큼직하게 썰어 믹서에 담고, 나머지 양파소스 재료를 넣어 곱게 간다.

6 접시에 조기살과 채소를 고루 담고 양파소스를 곁들여 낸다.

✎ 조기로 샐러드를 만들 때는 바싹 굽는 게 좋아요

조기는 살이 약해 잘라낸 후 구우면 부스러지기 쉽다. 따라서 구워낸 후 살만 큼직하게 발라내는 것이 좋다. 조기를 평소보다 바삭하게 구워야 채소와 먹을 때 눅눅하지 않다.

김말이채소튀김

아이들이 좋아하는 김은 비타민 A와 칼슘, 철분 등이 풍부해 단단한 통뼈를 만드는 데 도움을 준다. 김에 함유된 마그네슘과 철분, 인 등의 무기질은 쇠고기의 100배 정도이며, 식이섬유도 풍부해 비만과 변비예 방에도 좋다.

재료

구운 김	2장
불린 당면	1/3줌(30g)
당근	1/4개
양파	1/4개
팽이버섯	1/2봉지
부추	1/2줌(20g)
밀가루	약간
식용유	적당량

양념

간장	2작은술
소금 · 후춧가루	약간

튀김옷

밀가루	10큰술
달걀	1개
찬물	1/2컵

1 당면은 살짝 불리고, 끓는 물에 삶은 후 체에 건져 물기를 뺀다.

2 당근과 양파는 5센티미터 길이로 채 썰고, 팽이버섯과 부추는 잘 다듬어 5센티미터 길이로 자른다.

3 식용유를 두른 프라이팬에 당면과 양파, 당근을 볶다가 팽이버섯과 부추를 넣고 볶은 후 간장과 소금, 후춧가루로 간을 한다.

4 3의 채소볶음을 한 김 식히고, 김 위에 올려 돌돌 말아 5센티미터 길이로 썬다.

5 돌돌 만 김에 밀가루를 살짝 입히고, 튀김옷을 입힌 후 170도 정도의 기름에 바삭하게 튀겨 낸다.

✏️ **반죽이 차가워야 바삭하게 튀겨져요**

밀가루와 물, 볼, 달걀, 젓가락, 휘퍼 등 재료와 주방용기를 냉장시켜 차가운 상태에서 반죽을 만들어야 뜨거운 기름에 들어갔을 때 바삭한 튀김옷이 만들어진다.

잔멸치채소주먹밥

'칼슘의 왕'이라 불리는 멸치는 각종 무기질과 단백질이 풍부하며, 체내 칼슘 흡수를 도와주는 비타민 D 가 우유보다 많다. 따라서 우유를 먹지 않는 아이들은 우유 대신 멸치로 칼슘을 섭취해도 효과적이다.

재료

따뜻한 밥	1공기
잔멸치	3큰술
당근	1/8개
양파	1/6개
오이	1/6개
참기름	1작은술
통깨	1/2작은술
소금	약간

1 잔멸치는 체에 털어 잔가시와 먼지를 제거한다.

2 당근과 양파, 오이는 굵직하게 다진다.

3 참기름을 두른 프라이팬에 당근, 양파, 오이를 넣고, 소금으로 살짝 간을 하여 볶는다.

4 3에 잔멸치를 넣어 볶은 후 불을 끄고 밥을 버무린다.

5 통깨를 넣어 섞고, 한 입 크기의 타원형으로 빚거나 모양 틀에 넣어 모양을 찍어 낸다.

🥄 **멸치를 볶을 때는 참기름을 사용하세요**

잔멸치를 볶을 때 식용유 대신 참기름을 사용하면 비린 맛이 없어진다. 볶음에 넣는 채소는 냉장고에 있는 토막 채소를 다져 넣거나 아이들이 좋아하는 채소를 넣어 유리하면 좋다.

뱅어포양념떡꼬치구이

뱅어포는 실치라는 생선을 포로 만든 것으로 말리는 과정에서 수분이 증발하며 칼슘함량이 높아진다. 아이들의 골격 형성이나 골다공증 예방에 도움을 주는 재료로 냉동실에 밀폐 보관하여야 상하지 않는다. 구멍이 거의 보이지 않고 흰 빛깔을 띤 것이 상품이다.

재료

뱅어포	2장
떡볶이떡	20개
식용유	약간

떡꼬치양념

케첩	1큰술
고추장	1/2큰술
설탕	2작은술
조청	2작은술
다시마 물	5큰술
다진 마늘	1작은술

1 떡볶이떡은 끓는 물에 살짝 데쳐 부드럽게 만든다.

2 뱅어포는 5센티미터, 너비 7센티미터 정도 길이로 자른다.

3 1의 떡볶이떡에 뱅어포를 돌돌 말고, 꼬치에 3~4개씩 끼운다.

4 떡꼬치양념을 프라이팬에 넣고 자글자글 조려낸다.

5 달군 프라이팬에 식용유를 두르고, 3의 뱅어포떡볶이를 노릇노릇하게 구운 후 4의 양념을 발라준다.

◈ **떡볶이떡은 데쳐서 요리하세요**
떡볶이떡은 익는 시간이 오래 걸리기 때문에 그냥 요리하면 익는 동안 양념이 타게 된다. 떡볶이떡을 살짝 데친 후 뱅어포를 말면 조리시간도 단축되고 뱅어포나 양념이 타지 않는다.

CHAPTER 03

더위 물리치는 여름 밥상

여름에는 땀을 많이 흘리고 에너지 소모가 많아 체내 수분의 균형이 깨지고 심신이 지치기 쉽다.
또한 더위로 입맛도 저하되어 식사를 잘 하지 않고
간식이나 군것질을 하는 경향이 많아 영양 불균형 상태가 될 수 있다.
수분을 많이 함유하고, 탄수화물, 단백질, 지방 등 다양한 영양성분을 골고루 함유한 재료로
여름 더위를 물리치는 건강 밥상을 준비해보자.

오이냉쌀국수

오이는 비타민 C가 풍부해 신진대사를 원활하게 하고 면역력을 향상시켜 감기 같은 잔병치레를 예방한다. 수분 대사를 조절하는 칼륨 성분을 함유하고 있어 평소 짜게 먹어 잘 붓거나 입맛이 예민한 아이에게 좋은 재료이다.

재료

오이	1/2개
쌀국수(가는 것)	한 줌
무순	약간
방울토마토	1개
다진 땅콩	1/2큰술
굵은 소금	약간

오이무침양념

식초	1¹/₂큰술
설탕	1/2큰술
다진 마늘	1/2작은술
깨소금	1/2작은술
소금	1/2작은술

1 오이는 굵은 소금으로 문질러 씻은 후 물기를 닦는다.

2 1의 오이를 동그랗고 얇게 썰고, 소금을 뿌려 10분 정도 절인 후 꼭 짠다.

3 꼭 짠 오이에 오이무침양념을 넣고 버무린다.

4 쌀국수는 찬물에 30분 정도 담가 불린 후 끓는 물에 넣고 2분 정도 데쳐 식힌다.

5 무순은 줄기 끝만 다듬어 찬물에 담갔다가 건지고, 방울토마토는 반으로 가른다.

6 그릇에 쌀국수를 담고 3과 무순, 방울토마토를 올리고 다진 땅콩을 뿌려 낸다.

✎ 오이는 소금에 절여 수분을 제거하세요

여름 오이의 거친 돌기는 굵은 소금으로 문질러 씻어야 농약이나 오염물질이 깨끗하게 씻긴다. 오이는 무침을 하기 전 소금에 절여 물기를 짜 주어야 시간이 지나도 싱거워지거나 물이 흥건해지시 않는다.

애호박월과채

애호박은 각종 비타민과 칼슘, 철분이 풍부한 건강 채소이다. 애호박에 풍부한 비타민 A는 아이들의 피부나 점막을 건강하게 지켜 주고, 비타민 C는 면역력을 키워 준다. 펙틴과 칼륨이 풍부해 이뇨 배설작용을 도와 변비와 부종 해소에도 좋다.

재료		쇠고기 · 버섯 밑간		찹쌀 전병	
애호박	3/4개	간장	4작은술	찹쌀가루	1/2컵
쇠고기(우둔살)	80g	설탕	2작은술	소금	약간
불린 표고버섯	2장	다진 파	1작은술	뜨거운 물	1~2큰술
불린 목이버섯	1장	다진 마늘	1/2작은술		
불린 석이버섯	2장	깨소금	1작은술		
달걀	1개	참기름	2작은술		
소금	약간	후춧가루	약간		
잣가루 · 실고추	약간				

1 애호박은 5~6센티미터 길이로 썰어 씨 부분을 제거하고, 네모지게 썬 후 굵게 채 썬다.

2 쇠고기와 표고버섯, 목이버섯, 석이버섯은 6센티미터 길이로 채 썰어 밑간한다.

3 달걀은 황백으로 지단을 부쳐 6센티미터 길이로 채 썰고, 실고추는 먹기 좋은 길이로 자른다.

4 볼에 찹쌀가루와 소금을 넣고 익반죽 한 후 조금씩 떼어 얇게 전병을 부치고, 채반에 식힌 후 굵게 채 썬다.

5 1의 채 썬 애호박은 소금으로 간을 하여 볶고, 2의 재료도 물기 없이 볶아 식힌다.

6 볼에 3, 4, 5를 고루 섞어 담고, 가볍게 무친 후 잣가루와 실고추를 올려 낸다.

✏️ 당면 대신 찹쌀 전병을 넣으세요

'월과'란 애호박의 고어로, 월과채는 더운 날씨로 당면 잡채가 쉽게 상할 때 당면 대신 찹쌀 전병을 넣어 만들었던 궁중 요리다. 찹쌀 전병은 되직하게 반죽하여 한 장씩 채반에 말려야 달라붙지 않는다.

해물토마토볶음밥

토마토는 하루에 한 개씩 먹으면 장수한다고 알려진 건강 식재료로, 비타민 A와 C가 풍부하고 혈관을 튼튼하게 해주며 면역력을 높여준다. 또한 신진대사를 좋게 하고 비만을 예방하여 성장기 어린이에게 좋다.

재료

찬밥 1공기
오징어(몸통) 1/4마리
칵테일 새우 3마리
완숙 토마토 1/2개
피망 1/4개
양파 1/4개
다진 마늘 1작은술
청주 1큰술
간장 1작은술
식용유 .... 적당량
소금·후춧가루 .... 약간

1 오징어는 껍질을 벗기고, 안쪽에 잔 칼집을 넣은 후 길이 5센티미터, 넓이 1센티미터 정도로 썰고, 칵테일 새우는 잘 씻어 물기를 뺀다.

2 완숙 토마토는 끓는 물에 데치고, 찬물에 담가 껍질을 벗기고 씨를 제거한 후 깍뚝 썬다.

3 피망과 양파는 토마토 크기로 썬다.

4 달군 프라이팬에 식용유를 두르고, 다진 마늘과 양파를 볶아 향을 내고, 오징어와 칵테일 새우를 넣은 후 청주를 넣고 볶는다.

5 4에 찬밥을 넣어 고슬고슬하게 볶고, 피망과 토마토를 넣은 후 센불로 볶는다.

6 간장과 소금, 후춧가루를 넣어 간을 맞춘 후 통깨를 뿌려 낸다.

✒ **해물은 센불에서 단시간에 볶아요**

해물요리를 할 때 청주를 넣으면 비린내를 제거할 수 있다. 해물을 볶을 때는 센불에서 단시간에 볶아야 질겨지지 않고 청주의 알코올기가 충분히 날아간다.

단호박밤수프

베타카로틴이 풍부하고 단맛이 강한 단호박은 이유식이나 아이들의 간식에 자주 사용하는 재료이다. 씨를 감싼 끈적끈적한 부분은 두뇌 계발에 좋은 레시틴이 풍부하므로 지나치게 긁어내지 않는 것이 좋다. 신장기능이 안 좋아 얼굴이 자주 붓거나 비위와 장 기능이 좋지 않아 허약한 아이들에게 좋다.

재료

단호박	1/4통
깐 밤	5톨
물	2컵
우유	2컵
올리브유	적당량
소금 · 후춧가루	약간
꿀	약간

1 단호박은 껍질을 대충 벗기고, 씨를 긁어 낸 후 한 입 크기로 깍뚝 썬다.

2 밤은 잘 씻어 큼직하게 썬다.

3 냄비에 올리브유를 약간 두르고, 단호박과 밤을 말갛게 볶는다.

4 단호박과 밤의 색이 변하면 물을 붓고, 중불로 뭉근하게 끓인다.

5 젓가락이나 꼬치가 들어가게 익으면 한 김 식히고, 믹서기에 넣어 곱게 간 후 냄비에 다시 담는다.

6 우유를 부어 걸쭉하게 끓인 후 기호에 따라 소금, 후춧가루, 꿀을 곁들여 낸다.

✎ **고구마나 감자를 섞어도 맛있어요**

단호박 껍질에는 다량의 베타카로틴과 칼륨이 들어 있어 너무 많이 벗겨 내지 않도록 한다. 단호박에 밤을 섞으면 단맛이 증가하고 빨리 되직해진다. 기호에 따라 고구마나 감자를 섞어 끓여도 좋다.

감자크림소스스파게티

감자 2개에는 하루에 필요한 비타민 C가 들어 있다. 그만큼 비타민 C가 풍부하며, 비타민 B군과 탄수화물, 칼슘도 풍부하다. 단것을 싫어하는 아이들의 간식으로 적당한 채소이다.

재료

스파게티면	반 줌(60g)
양송이버섯	1개
브로콜리	1/6송이
올리브유	1큰술
소금·후춧가루	약간

소스재료

올리브유	1큰술
양파	1/4개
마늘	1/2톨
감자	1/2개(150g)
닭 육수	1컵
우유	1/2컵
물	1/4컵
생크림	1/4컵
소금·후춧가루	약간

1 양송이버섯은 모양을 살려 슬라이스하고, 브로콜리는 송이를 나누고, 올리브유를 두른 프라이팬에 넣은 후 소금, 후춧가루로 간하여 각각 볶는다.

2 양파와 마늘은 굵직하게 다지고, 감자는 껍질을 벗기고 얇게 저며 썬다.

3 올리브유를 두른 프라이팬에 양파와 마늘을 볶아 향을 내고, 감자를 넣어 살짝 볶는다.

4 3에 우유와 닭 육수와 물을 넣고, 감자가 으깨어질 때까지 익힌 후 식혀 믹서에 간다.

5 4에 생크림을 넣고 한소끔 끓인 후 소금, 후춧가루로 간을 한다.

6 냄비에 물을 붓고 스파게티 면을 삶아 체에 밭치고, 5의 소스에 넣어 고루 버무린다.

7 버섯, 브로콜리를 넣고 버무리고, 소금, 후춧가루로 간한다.

🍳 햇감자가 맛있어요

분이 많은 햇감자를 이용하면 생크림을 많이 넣지 않아도 부드럽고 고소한 크림소스를 만들 수 있다. 완두콩이나 토마토 등 채소와 함께 갈면 고운 빛깔의 감자크림소스가 된다.

가지제육덮밥

가지는 대표적인 여름 채소인데 차가운 성질이라 몸이 냉한 사람은 많이 먹지 않는 것이 좋다. 가지의 보랏빛 색소에는 항산화물질이 많이 들어 있어 아이들의 면역력 강화에 도움을 준다.

재료		덮밥소스	
가지	1/2개	다시마 물	1/2컵
돼지고기 목살	1/2컵	간장	2큰술
양파	1/4개	설탕	2작은술
청 · 홍 피망	1/4개씩	다진 마늘	1작은술
밥	1공기	깨소금	1작은술
통깨	약간	후춧가루	약간

1 가지는 3센티미터 길이로 자르고, 6~8등분으로 나눈다.

2 돼지고기 목살은 핏물을 제거하고 큼직하게 깍뚝 썬다.

3 양파와 청 · 홍 피망은 3센티미터 길이로 채 썬다.

4 프라이팬에 덮밥소스를 한소끔 끓인 후 돼지고기를 넣고 익힌다.

5 고기가 익으면 가지와 양파, 청 · 홍 피망을 넣고 끓인 후 밥 위에 부어 통깨를 뿌려 낸다. 기호에 따라 물녹말로 농도를 맞추어 낸다.

🥄 **가지는 볶아 먹으면 더 좋아요.**

토마토나 가지의 영양소는 대부분 지용성이라 기름과 함께 섭취하는 것이 좋으며, 볶음으로 요리하면 영양도 풍부해진다. 제육덮밥을 할 때 고기 누린내가 나는 것은 돼지고기를 완전히 익히지 않고 다른 재료와 함께 볶았기 때문이다.

옥수수스콘

옥수수는 성질이 차고 섬유질이 풍부해 몸에 열이 많아 변비에 걸린 아이에게 좋은 식품이다. 비타민 B₁이 풍부해 무더운 여름 나른함, 피곤함, 무기력증을 없애는 데 효과적이다.

재료

옥수수알	1/2컵
핫케이크 믹스	2컵
우유	1/2컵
올리브유	3큰술

1 옥수수알은 끓는 물에 데쳐 체에 밭친다.

2 핫케이크 믹스는 체에 두세 번 내린 후 우유를 넣고 반죽을 한다.

3 한 덩어리로 뭉치면 올리브유와 옥수수알을 넣고 섞는다.

4 반죽을 숟가락으로 큼직하게 떼 내어 오븐 팬에 팬닝한다.

5 190도로 예열한 오븐에 25분 정도 구워 식힌다.

🥄 **옥수수는 우유와 식궁합이 잘 맞아요**

옥수수가 들어간 간식을 우유와 함께 먹으면 옥수수에 부족한 트립토판이나 리신을 보충할 수 있다. 옥수수스콘을 만들 때 옥수수알을 데쳐 넣으면 맛이 더 부드럽고 스콘을 굽는 동안 딱딱해지지 않는다.

부추납작만두

부추는 비타민 A와 C가 고루 들어 있는 대표적인 녹황색 채소이다. 비위 기능을 좋게 하는 작용이 있어
평소 밥을 먹지 않거나 속이 차서 설사가 잦은 아이에게 좋다. 아이들이 좋아하는 치즈와 잘 먹지 않는
채소를 잘게 다져 넣고 납작하게 만든 납작만두는 영양 만점 간식이다.

재료

부추 ······················· 1/3줌
양파 ······················· 1/4개
당근 ······················· 1/6개
불린 당면 ··········· 1/3줌(30g)
모차렐라 치즈 ··········· 4큰술
만두피 ······················· 15장
식용유 ······················· 적당량
소금 · 물 ······················· 약간

만두소 양념

간장 ···················· 1/2작은술
다진 마늘 ············· 1/2작은술
깨소금 ·················· 1/2작은술
참기름 ····················· 1작은술
후춧가루 ······················· 약간

1 부추, 양파, 당근은 잘 씻어 굵직하게 다진다.

2 불린 당면, 모차렐라 치즈도 굵직하게 다진다.

3 볼에 1, 2의 재료를 고루 섞어 담고, 만두소 양념을 섞어 넣은 후 조물조물 버무린다.

4 만두피 가장자리에 물을 살짝 바른 후 3의 만두소를 넣고 납작한 반달모양으로 만들고 주름을 잡아 준다.

5 달군 프라이팬에 기름을 두르고 만두를 올려 한 면이 노릇해지도록 굽고, 한 면이 익으면 뒤집어 나머지 쪽도 노릇하게 익힌다.

6 물을 2~3큰술 떨어뜨린 후 뚜껑을 덮어 5~6분 정도 속을 익히고, 뚜껑을 열어 수분을 완전히 날린 후 접시에 담아낸다.

겉은 바삭하게 속은 부드럽게 구우세요

만두를 구울 때 기름을 너무 많이 넣으면 눅눅하고 맛이 없다. 먼저 겉을 노릇하게 구운 후 물을 한두 스푼 정도 넣은 후 뚜껑을 덮어 뜨거운 수증기로 속을 익히면 기름을 많이 사용하지 않아도 되고, 중국집의 군만두처럼 속은 부드럽고 겉은 바삭해진다.

깻잎참치쌈밥

깻잎은 뼈와 치아를 튼튼하게 하는 칼슘과 조혈 작용을 하는 철분, 면역력을 좋게 하는 비타민이 풍부해 성장기 어린이나 여성에게 좋은 채소이다. 여기에 두뇌 발달과 체력 보강에 좋은 참치를 더한 깻잎참치 쌈밥은 먹기도 편하고 영양도 풍부해 아이들에게 좋다.

재료

깻잎 ⋯⋯⋯⋯⋯⋯⋯⋯⋯ 10장
현미밥 ⋯⋯⋯⋯⋯⋯⋯⋯ 1공기
참기름 · 통깨 ⋯⋯⋯⋯⋯⋯ 약간

참치소

통조림 참치 ⋯⋯⋯⋯⋯⋯ 3큰술
다진 양파 ⋯⋯⋯⋯⋯⋯⋯ 1큰술
다진 오이 피클 ⋯⋯⋯⋯⋯ 1큰술
마요네즈 ⋯⋯⋯⋯⋯⋯⋯ 2작은술
소금 · 후춧가루 ⋯⋯⋯⋯⋯ 약간

1 통조림 참치에 끓는 물을 끼얹은 후 체에 밭친다.

2 1의 참치를 볼에 담고, 나머지 참치소 재료를 섞어 양념 참치를 만든다.

3 따뜻한 밥에 2를 넣고 살살 섞고, 한 입 크기의 주먹밥을 만든다.

4 깻잎은 잘 씻어 김이 오른 찜통에 찌거나 끓는 소금물에 데쳐 재빨리 식힌다.

5 깻잎의 잎맥이 보이게 놓고, 참기름을 바른 후 3의 주먹밥을 올려 돌돌 말고, 통깨를 약간 뿌려 낸다.

🍳 통조림 참치는 끓는 물을 끼얹은 후 요리하세요

통조림 제품은 끓는 물을 끼얹어 통조림 제품을 만들 때 사용했던 조미료나 캔의 유해 성분을 녹여 내고 먹는 것이 좋다. 깻잎은 찌거나 데쳤을 때, 재빨리 식히지 않으면 까맣게 변색될 수 있다.

피망파프리카간장떡볶이

피망과 파프리카는 레몬에 버금갈 정도로 비타민을 풍부하게 함유하고 있어 세포 작용을 활성화하고 신진대사를 높여 성장발달에 도움을 준다. 식이섬유도 풍부해서 정장작용과 비만해소에도 효과가 높다. 색깔마다 효능과 성분이 다르기 때문에 다양한 색깔을 함께 먹는 것이 좋다.

재료
청 · 홍피망 ······················· 1/4개씩
노랑 · 주황 파프리카 ····· 1/4개씩
양파 ································· 1/4개
떡볶이떡 ··························· 1컵
통깨 ································· 약간

떡 밑간
간장 ································· 1작은술
참기름 ······························ 1작은술

양념장
다시마 물 ·························· 3큰술
간장 ······················· 1과 1/2큰술
설탕 ································· 1큰술
다진 파 ······························ 2작은술
다진 마늘 ·························· 1작은술
깨소금 ······························ 2작은술
참기름 ······························ 1작은술
후춧가루 ·························· 약간

1 피망, 파프리카, 양파는 모양틀로 찍거나 사방 1.5센티미터 크기로 자른다.

2 떡볶이떡은 끓는 물에 부드럽게 데친 후 간장과 참기름으로 밑간 한다.

3 달군 프라이팬에 식용유를 살짝 두르고, 양파, 파프리카, 홍 피망, 청 피망 순으로 볶아 향을 낸다.

4 3에 미리 밑간한 떡과 양념장을 넣고, 부드럽게 볶아 통깨를 뿌려 낸다.

✎ **떡은 살짝 데친 후 요리하세요**
떡은 미리 부드럽게 데친 후 밑간해야 시간이 지나도 딱딱해지지 않는다. 채소를 볶을 때는 센불에 단시간 볶지만, 떡을 볶을 때는 중불에 뭉근하게 볶아야 고루 잘 익는다.

CHAPTER 04

영양을 균형 있게 맞춘
풍성한 가을 밥상

수확의 계절인 가을에는 다양한 식재료로 식탁이 풍성해진다.
가을 식재료는 각 계절의 기운을 담고 있기 때문에 다른 계절 식재료에 비해 단단하고 속이 알차다.
가을에 체력을 보강하고 고영양 음식을 챙겨 먹어야
다가오는 겨울을 건강하게 이겨낼 수 있으므로 영양 균형을 생각하는 밥상을 준비하자.
가을에는 감기에 걸리는 아이들이 많아 면역력 향상과 호흡기 질환 예방에 좋은
식품으로 밥상을 준비하는 것도 좋다.

표고버섯새우살튀김

표고버섯은 섬유질이 풍부하고 비만해소와 면역력 향상에 도움을 준다. 또한 햇볕에 말린 표고버섯은 비타민 D의 전구체인 에르고스테린이 많이 들어 있어 칼슘과 인의 흡수를 돕고, 성장기 아이들의 뼈와 이를 튼튼하게 해 준다.

재료		새우살양념		초간장	
생표고버섯	5개	다진 파	1/2작은술	송송 썬 쪽파	1큰술
새우살	1/2컵	다진 마늘	1/4작은술	통깨	1작은술
녹말가루	3큰술	깨소금	1/4작은술	식초	1큰술
식용유	적당량	참기름	1/2작은술	간장	1작은술
		소금 · 후춧가루	약간		

1 생표고버섯은 기둥을 떼어 내고, 갓 부분에 녹말가루를 솔솔 뿌려 둔다.

2 새우살은 곱게 다져 볼에 담고, 새우살양념을 고루 섞어 밑간한다.

3 1의 표고버섯 갓에 새우살을 채워 넣는다.

4 3에 남은 녹말가루를 버무려 준다.

5 프라이팬에 식용유를 넣어 170도로 달군 후 4를 노릇하게 튀겨 초간장과 곁들여 낸다.

✎ **튀김이 걱정된다면 쪄도 맛있어요**

비만이 걱정인 아이라면 표고버섯새우살을 튀기는 대신 김이 오른 찜통에 쪄도 좋다. 표고버섯의 남은 기둥은 버리지 말고 된장찌개에 넣거나 쪽쪽 찢어서 볶아 먹으면 맛있다.

꽁치유자청구이

'꽁치는 서리가 내려야 제 맛'이라는 말이 있는데, 이는 가을에 산란기를 맞은 꽁치가 지방함량이 높기 때문이다. 꽁치는 EPA가 풍부해 순환기 질환에 좋고, DHA 함유량이 높아 두뇌발달에 도움을 준다. 꽁치는 산성 식품이므로 채소와 함께 섭취하면 더욱 좋다.

재료
꽁치 ·························· 1마리
식용유 ························ 약간

유자소스
유자청 ······················· 1큰술
간장 ························· 2작은술
청주 ························· 1큰술
설탕 ·························· 약간

1 꽁치는 내장과 비늘, 지느러미, 머리를 제거하고, 잘 씻어 2~3토막으로 자른다.

2 1의 꽁치에 유자소스를 부어 15분 정도 재운다.

3 달군 프라이팬에 기름을 살짝 두르고 2의 꽁치를 노릇하게 구워 낸다.

✎ **유자 건지(건더기)도 소스에 넣으세요**
유자소스를 만들 때 유자청의 건지는 다지거나 채 썰어 함께 넣어 주면 씹는 느낌이 들어 더 맛있다. 설탕을 약간 넣으면 유자청의 씁쓸한 맛이 없어지고, 식초를 첨가하면 새콤달콤해진다.

고구마컵케이크

고구마는 대표적인 알칼리성 식품으로 한방에서는 비장과 위를 튼튼히 하고, 혈액을 편안하게 하며, 몸을 따뜻하게 하는 효능이 있어 오장육부를 튼튼하게 한다. 또한 영양소가 풍부해 영양부족과 만성소화불량에 좋다.

재료

호박고구마(중간크기) ········· 1개
생크림 ·························· 1/2컵
꿀 ······························ 1큰술
계핏가루 ······················· 약간
슬라이스 카스텔라 ········· 2조각

1 고구마는 껍질째 쪄서 뜨거울 때 체에 내린 후 계핏가루와 섞는다.

2 생크림에 꿀 1큰술을 넣고 거품을 올린다.

3 고구마 내린 것과 생크림을 고루 섞어 고구마 무스를 만든 후 냉장고에 넣어 둔다.

4 카스텔라는 짙은 껍질을 떼어낸 후 반은 믹서에 갈아 가루를 만들고, 반은 1.5센티미터 두께로 자르고 컵 크기에 맞추어 자른다.

5 컵에 카스텔라를 깔고, 고구마 무스를 넣고, 카스텔라 가루를 고루 뿌려 낸다.

🖋 **생크림 거품이 부드러워야 케이크가 맛있어요**

생크림 거품은 거품기로 들었을 때 끝이 살짝 구부러지는 정도여야 고구마 무스가 부드럽다. 카스텔라에 꿀이나 메이플시럽을 조금 뿌리면 촉촉해서 오래도록 부드럽게 먹을 수 있다.

새송이버섯너비아니구이

새송이버섯은 풍부한 식이섬유와 낮은 칼로리를 가진 건강 식재료로 다른 버섯에 비해 비타민 C와 필수
아미노산 함유량이 높다. 식감이 쫄깃하고 맛이 담백한 새송이버섯과 양질의 단백질이 풍부한 쇠고기는
식궁합이 잘 맞고 맛도 좋다.

재료

새송이버섯	2대
쇠고기 다짐육(우둔살)	100g
녹말가루	2작은술
식용유	적당량
소금	약간

쇠고기양념

간장	2작은술
설탕	1작은술
다진 마늘	1/2작은술
다진 파	1/2작은술
깨소금	1/2작은술
참기름	1/2작은술
후춧가루	약간

1 새송이버섯은 길이로 길게 2~3등분 한다.

2 끓는 물에 1과 소금을 약간 넣어 데치고 물기를 닦아 낸 후 녹말가루를 솔솔
   뿌려 둔다.

3 쇠고기 다짐육은 볼에 담고, 분량의 쇠고기양념을 넣은 후 고루 치대어 준다.

4 2의 버섯 위에 쇠고기 다짐육을 평평하고 도톰하게 올린다.

5 4를 살살 눌러 고정한 후 달군 프라이팬에 기름을 두르고 노릇하게 부쳐
   낸다.

✎ **새송이버섯을 데쳐야 고기소가 분리되지 않아요**

쇠고기 다짐육은 기름이 많은 찌꺼기 부위는 아닌지, 오래된 것은 아닌지 살펴보아야 한다. 요리할 때 새송이버섯을 살
짝 데친 후 쇠고기를 올려야 구울 때 수축이 심하지 않고 고기소가 분리되지 않는다.

무어묵냄비

무는 소화효소가 풍부하게 함유되어 있어 소화기능이 떨어지는 아이들에게 좋다. 또한 기침과 가래를 없애고, 감기에 걸렸을 때 꿀과 함께 즙을 내서 먹으면 기관지 건강에 도움을 준다.

재료

무	1/6개
모둠 어묵	1봉지
당근	1/6개
양파	1/4개
멸치다시마육수	3컵
국간장	2작은술
다진 마늘	1작은술
청주	1큰술
소금 · 후춧가루	약간
쑥갓이나 미나리	조금

양념장

송송 썬 쪽파	2큰술
간장	2큰술
설탕	1작은술
통깨	1작은술
참기름	1작은술

1 무는 잘 씻고, 껍질째 두께 1센티미터 정도의 은행잎 모양으로 썬다.

2 모둠 어묵은 끓는 물에 살짝 데쳐 헹구고 꼬치에 꿴다.

3 당근은 꽃 모양으로 썰고, 양파는 사방 2센티미터 크기로 네모지게 썬다.

4 냄비에 무를 깔고 멸치다시마육수를 붓고, 국간장과 청주를 넣은 후 무가 투명해지도록 10분 정도 끓인다.

5 4에 꼬치 어묵과 당근, 양파를 넣고 중불로 10분 정도 끓인다.

6 다진 마늘을 넣고 끓인 후 소금, 후추로 간을 맞추고, 양념장과 함께 낸다.

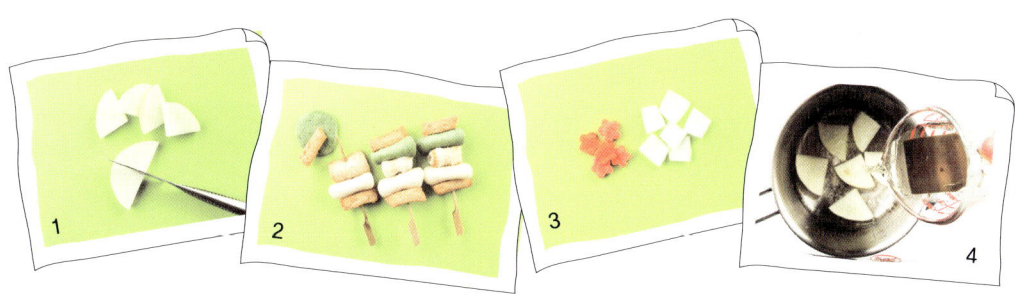

✎ 무는 껍질째 요리하세요

무에는 다량의 비타민 C가 들어 있는데, 과육 부위보다 껍질에 3배 이상 많다. 따라서 요리할 때는 껍질을 벗기지 않는 것이 좋다.

느타리버섯닭꼬치전

느타리버섯에는 플루란이라는 성분이 들어 있어 콜레스테롤을 떨어뜨리고 면역력을 높인다. 또한 섬유질이 풍부하고 칼로리가 낮아 과식으로 인한 소아 비만개선에 효과가 있다. 갓이 너무 피지 않고 유백색의 광택이 있는 것을 골라야 맛과 향이 좋다.

재료

느타리버섯	6개
닭가슴살	1개
쪽파	3대
달걀	1개
밀가루	4큰술
소금 · 후춧가루	약간
식용유	적당량

1 느타리버섯은 끓는 물에 소금을 약간 넣어 데치고 2~3등분으로 찢은 후 키친 타월로 눌러 수분을 제거한다.

2 닭가슴살은 두께 1센티미터, 길이 7센티미터 정도로 자르고, 끓는 물에 살짝 데친 후 소금, 후춧가루로 밑간한다.

3 쪽파는 7센티미터 정도 길이로 자른다.

4 꼬치에 느타리버섯과 닭가슴살, 쪽파를 번갈아가며 끼운다.

5 4의 꼬치에 밀가루를 입히고, 곱게 푼 달걀물에 담갔다 건진다.

6 달군 프라이팬에 식용유를 두르고 5를 노릇하게 부쳐 낸다.

✎ **버섯은 수분 제거해야 맛있어요**

느타리버섯으로 전을 부칠 때는 미리 데쳐 수분을 제거해야 반죽이 질어지지 않는다. 닭고기는 미리 반쯤 익을 정도로 데친 후 버섯이나 채소와 함께 부쳐야 채소가 물러지지 않는다.

땅콩현미죽

땅콩은 탄수화물 함량이 낮고, 비타민 E가 많아 노화 방지나 피부미용에 효과가 있다. 또 피로회복에 좋은 비타민 B_1, B_2가 많아 체력이 약해 쉽게 피로를 느끼는 아이들의 영양 간식으로 좋다. 땅콩의 지방성분은 변비가 심한 아이에게 효과가 있다.

재료

현미 찹쌀	1/4컵
생땅콩	1/4컵
물	5~6컵
소금 또는 꿀	약간

1 현미 찹쌀은 잘 씻은 후 2시간 정도 불리고, 믹서에 대강 으깬다.

2 1을 냄비에 담고, 물 3컵을 부어 쌀알이 무르도록 끓인다.

3 생땅콩은 잘 씻은 후 물을 자작하게 부어 삶고, 체에 건진 후 물 1컵을 부어 곱게 갈아 덜어낸다.

4 현미 찹쌀이 퍼지면 3을 넣고, 땅콩이 익을 정도로 끓인 후 소금이나 꿀로 간한다.

✎ **땅콩은 살짝 삶으세요**

죽을 만들 때 생땅콩을 미리 삶아 사용하면 껍질의 쓴맛이 없어진다. 삶은 생땅콩은 곱게 갈아 현미가 퍼진 후 넣어야 고소한 맛이 살아 있다.

사과만두피파이

사과는 팩틴이 풍부해 공해 물질이나 노폐물 배출 효과가 뛰어나다. 또한 미네랄이나 칼륨, 구연산 같은 무기질이 많아 신진대사에도 도움을 준다. 구연산은 몸에 쌓인 독소를 제거하고, 스트레스를 완화해 부드러운 성품의 아이로 자라게 도와준다.

재료

만두피	20장
달걀물	약간

사과 토핑

사과	1개
올리브유	1큰술
유기농 설탕	1큰술
계핏가루	1/5작은술

1 사과는 껍질째 잘 씻어 사방 1.5센티미터 정도의 정사각형으로 자른다.

2 프라이팬에 올리브유를 두르고, 사과, 설탕, 계핏가루를 넣고 윤기나게 볶아
준다.

3 머핀 컵에 만두피를 1~2장 정도 겹쳐 깔고 달걀물을 바른다.

4 만두피에 조린 사과를 올리고 190도로 예열한 오븐에서 15분 정도 구워 낸다.

🥟 **만두피는 살짝 구워요**

얇은 만두피로 파이를 만들면 바삭한 식감이 느껴지는데, 더 바삭하게 굽고 싶다면 만두피를 미리 예열한 오븐에 한
번 구워 사용한다. 이렇게 하면 파이가 눅진해지지 않고 바삭한 간이 오래간다.

고등어레몬탕수

고등어는 EPA, DHA가 풍부하게 함유되어 있어 뇌 세포를 성장, 발달시키고, 기억력과 학습능력 향상에 좋다. 반면 알레르기가 있는 아이들은 복통, 구토 등의 증상을 나타내기도 하므로 주의하여 섭취해야 한다.

재료

고등어	1/2마리
녹말가루	4큰술
식용유	적당량

고등어밑간

소금 · 후춧가루 · 생강즙	약간

레몬소스

레몬즙	3큰술
설탕	1큰술
물	5큰술
다진 마늘	1/2작은술
슬라이스 레몬	3조각
녹말가루	1작은술

1 고등어는 살만 포를 뜨고, 사방 3센티미터 크기로 자른다.

2 1의 고등어에 밑간한다.

3 2의 고등어에 녹말가루를 고르게 입히고, 식용유를 넉넉히 두른 프라이팬에 노릇하게
  튀기듯이 굽는다.

4 레몬소스를 끓여 농도를 맞춘 후 3의 고등어를 넣고 버무려 낸다.

🖌 레몬은 겉껍질만 이용하세요

레몬소스에 레몬 껍질을 넣으면 풍미가 좋아진다. 껍질의 농약이 걱정된다면 표면에 뜨거운 물을 끼얹어 박박 문질러
씻으면 깨끗해진다. 노란색 겉껍질 아래의 흰 부분은 쓴맛이 나므로 겉껍질만 살짝 벗겨 요리한다.

호두단호박찜머핀

호두는 오메가 - 3, 단백질, 피토케미컬, 비타민과 무기질, 비타민 E, 섬유질 등 각종 영양소를 고르게 가진 견과류이다. 유아기에 호두를 섭취하면 중요 지방산이 결핍되는 것을 막을 수 있고, 망막과 뇌 발달이 활발히 일어난다. 성장기 아이에게는 기억력 향상에 도움을 준다.

재료

박력 쌀가루	1½컵
단호박 가루	3큰술
베이킹파우더	1½작은술
호두	1/2컵
달걀	2개
설탕	1/4컵
우유	1/2컵
현미유	2큰술
건포도	1큰술

1 쌀가루와 단호박 가루, 베이킹파우더는 체에 2~3번 내려 준비한다.

2 호두는 끓는 물에 살짝 데쳐 굵직하게 썰고, 아무것도 두르지 않은 프라이팬에 노릇하게 볶는다.

3 볼에 달걀을 넣고 잘 풀어 준 후 설탕을 넣고 거품을 단단하게 올린다.

4 3에 우유와 현미유를 넣고 잘 섞어 준다.

5 4에 1의 가루를 넣고, 가볍게 섞어 준 후 호두와 건포도를 넣고 섞어 준다.

6 기름칠을 한 머핀 용기에 반죽을 넣고, 김이 오른 찜통에 15분 정도 쪄 준다.

🍥 호두는 데쳐서 넣으세요

호두는 끓는 물에 데치면 쓴맛이 제거되고, 반죽에 넣기 전에 살짝 볶으면 더욱 고소해진다.

CHAPTER 05

면역력을 향상시키는 겨울 밥상

겨울에는 몸이 움츠러들기 쉬워 활동성이 떨어진다.

아이들이 제대로 성장하려면 꾸준한 운동과 영양관리가 필요한데, 겨울에는 이 부분에 소홀하기 쉽다.

영양공급이 잘되지 않으면 성장에 문제가 생기며 면역력이 저하되어 잔병치레도 많아진다.

겨우내 감기를 달고 산다면 면역력이 떨어져 허약한 상태다.

양질의 단백질 공급을 통해 기력을 되찾고 채소와 과일을 꾸준히 섭취하는 것이 좋다.

오징어감자치즈구이

오징어는 쇠고기보다 단백질 함량이 우수한 식품이다. 또한 껍질에는 피로회복에 효과적인 타우린이 들어 있어 껍질을 벗겨 내지 않고 먹이는 것이 좋다. 아이들에게 줄 때는 잔 칼집을 넣어 주어야 체하지 않고 먹을 수 있다.

재료

오징어(몸통)	1마리
감자	1개
다진 채소	3큰술
모차렐라 치즈	1/2컵
녹말가루	약간
케첩	2큰술

1 오징어는 내장과 껍질을 제거하고, 링 모양으로 썬 후 끓는 물에 데쳐 낸다.

2 감자는 잘 씻어 껍질째 삶고, 껍질을 벗기고 체에 내려 고슬고슬하게 준비한다.

3 2의 감자 내린 것에 다진 채소(양파, 당근, 청·홍 피망 등)를 섞어 감자소를 만든다.

4 오징어에 녹말가루를 살짝 버무린 후 감자소를 채워 넣는다.

5 4에 케첩을 바른 후 모차렐라 치즈를 올리고, 190도로 예열한 오븐에 넣고 7~8분 정도 구워 낸다.

✎ **오징어는 데친 후 요리하세요**

오징어 링을 데치지 않고 사용하면 익으면서 소가 빠져나오거나 모양이 망가진다. 오징어를 데치면 모양도 잡히고 단단해져 요리하기 훨씬 쉽다. 감자는 뜨거울 때 껍질을 벗기고 체에 내려야 부드럽게 내려진다.

브로콜리쇠고기탕

브로콜리에는 비타민과 철분이 풍부하게 들어 있어 아이들의 성장 발달에 도움을 준다. 또 궤양이나 염증치료에 좋은 비타민 U가 들어 있어 장이나 위가 안 좋아 입 냄새가 나는 아이들의 치료에도 효과가 있다.

재료

브로콜리	1/4송이
쇠고기(우둔살) 다짐육	80g
대파	1/6대
다시마 물	2컵
국간장	2작은술
소금 · 후춧가루	약간

완자양념

다진 파	1작은술
다진 마늘	1/2작은술
깨소금	1작은술
참기름	1작은술

1 브로콜리는 한 입 크기로 자르고, 끓는 물에 소금을 약간 넣고 데친 후 찬물에 헹궈 체에 밭친다. 대파는 어슷 썬다.

2 1의 브로콜리를 잘게 다지고, 쇠고기 다짐육, 완자양념과 섞어 지름 3센티미터 크기의 완자로 만든다.

3 다시마 물에 국간장을 넣고 색을 낸 후 팔팔 끓인다.

4 3이 끓어오르면 불을 줄이고, 2의 완자를 넣고 10분 정도 끓인 후 어슷 썬 대파를 넣고, 소금, 후춧가루로 간을 맞추어 낸다.

◈ 완자는 불을 줄이고 넣으세요

완자를 국물에 삶을 때 모양이 풀어지거나 망가지는 경우가 있다. 이때 국물이 끓어 오른 후 불을 줄이고 완자를 넣어야 모양이 흐트러지지 않는다.

시금치참치오므라이스

시금치는 아이들 성장에 도움을 주는 으뜸 채소이다. 비타민 A, C, 철분이 풍부해 면역력 향상과 시력 보호, 피부 미용, 빈혈 예방에 도움을 준다. 깨소금이나 참기름과 함께 먹으면 신장에 결석을 만드는 수산 성분의 섭취를 줄일 수 있다.

재료

시금치	3포기
양파	1/4개
당근	1/8개
통조림 참치	3큰술
찬밥	1/2공기
달걀	1개
소금 · 후춧가루	약간
식용유	적당량
케첩	약간

1 시금치는 잘 씻어 송송 썰고, 양파와 당근은 굵직하게 다진다.

2 통조림 참치는 체에 밭쳐 끓는 물을 끼얹는다.

3 달군 프라이팬에 식용유를 두르고, 1의 채소를 넣고 달달 볶는다.

4 3에 참치를 넣고 볶다가 찬밥을 넣고 고슬고슬하게 볶아 소금, 후춧가루로 간을 한다.

5 달군 프라이팬에 식용유를 두르고 곱게 푼 달걀을 넣고 지단을 부친다.

6 지단이 반쯤 익으면 볶음밥을 가운데에 넣고, 럭비공 모양을 만들어 마저 익히고, 그릇에 담은 후 케첩을 곁들여 낸다.

🍃 **지단은 반만 익히세요**

지단이 반만 익었을 때 볶음밥을 넣어야 모양이 잘 잡힌다. 케첩 대신 하이라이스소스나 카레소스, 짜장소스를 곁들여 내도 맛있다.

마당근전

마는 뮤신이라는 소화효소가 풍부한 뿌리채소로 소화불량이나 위장장애가 있어 잘 크지 않는 아이들의 영양보충식으로 좋다. 한방에서는 아이들의 두뇌 계발과 근골을 튼튼히 하는데 좋다 하여 허약하고 마른 아이들에게 처방한다.

재료

마 ·························· 1/2개
당근 ······················ 1/4개
양파 ······················ 1/4개
밀가루 ···················· 1/2컵
들기름과 식용유 ········· 적당량
소금 · 후춧가루 ··············· 약간

1 마는 껍질을 벗기고 믹서에 넣는다.

2 양파, 당근도 손질해서 믹서에 넣고 1과 함께 갈아서 준비한다.

3 2에 밀가루를 풀어 농도를 맞추고, 소금, 후춧가루로 간을 한다.

4 반죽을 숟가락 크기로 떠 들기름과 식용유를 섞은 프라이팬에 노릇하게 굽는다.

🏷️ **마는 부침요리에 넣으면 좋아요**

마를 갈아 넣으면 재료와 잘 엉겨 붙기 때문에 부침요리에 좋다. 일본에서는 오코노미야끼의 밑반죽으로 마를 갈아서 사용한다. 부침개를 할 때 식용유를 두르고 참기름이나 들기름을 한 방울 떨어뜨리면 부침개의 풍미가 좋아진다.

배추속대쇠고기국

배추는 비타민 C와 칼슘이 풍부해서 감기나 질병 예방 효과가 뛰어나며, 성장기 아이의 뼈와 이를 튼튼하게 한다. 또 육식이나 패스트푸드를 먹어 산성화된 몸을 중화시키는 작용을 한다. 부드러운 섬유질이 있어 소화를 촉진시키고 변비와 비만 해소에도 효과적이다.

재료

배추속대 ······················· 5장
쇠고기(양지) ·················· 50g
팽이버섯 ···················· 1/3송이
쪽파 ··························· 1대
다시마 물 ····················· 2컵

양념

국간장 ······················ 2작은술
다진 마늘 ··················· 1작은술
참기름 ······················ 1작은술
소금 · 후춧가루 ·············· 약간

1 배추속대는 3×3센티미터 크기로 어슷 썰고, 팽이버섯은 밑동을 자르고 가닥을 나눈다.

2 쇠고기는 한 입 크기로 썰고, 키친타월로 닦아 핏물을 제거한 후 냄비에 넣는다.

3 국간장과 다진 마늘, 참기름을 2에 넣고 달달 볶는다.

4 고기가 익으면 다시마 물을 붓고 센불로 끓인다.

5 국물이 끓어오르면 중불로 줄이고, 배추속대를 넣고 10분 정도 끓인다.

6 송송 썬 쪽파를 넣어 끓인 후 소금, 후춧가루로 간한다.

🥄 쇠고기는 푹 익혀야 국물이 깔끔해요

쇠고기를 익힌 후 다시마 물을 부어야 고기의 핏물이 배어 나오지 않아 국물이 맑고 깨끗하다. 겨울 배추속대는 생으로 넣어도 되지만 여름 배추속대는 살짝 데친 후 넣어야 쓴맛이 없다.

연근튀김과일샐러드

연근은 섬유질과 탄수화물이 풍부하기 때문에 장운동을 촉진해 변비와 비만 해소에 도움을 준다. 또한 노폐물 배설을 촉진하여 혈관과 혈액을 깨끗하게 한다. 생것은 소염작용이 있어 진통을 가라앉히고, 익힌 것은 비위장의 기능을 좋게 한다.

재료		레몬 드레싱	
연근(중)	1/2개	레몬	1/2개
사과	1/2개	양파	1/4개
귤	1개	올리브유	1큰술
참다래	1/2개	식초	1작은술
양상추	2장	설탕	1작은술
치커리	2줄기	꿀	2작은술
양파	1/4개	소금	1/2작은술
식초	약간	후춧가루	약간

1 연근은 껍질을 벗기고, 모양을 살려 얄팍하게 썰어 식초를 탄 물에 담갔다 건지고, 160도로 예열한 기름에 넣어 노릇하게 튀겨 낸다.

2 사과는 잘 씻어 씨를 제거한 후 부채꼴 모양으로 썰고, 귤은 껍질을 벗기고, 참다래는 껍질을 벗겨 반달 모양으로 썬다.

3 양상추와 치커리는 한 입 크기로 뜯어 찬물에 담갔다가 건지고, 양파는 곱게 채 썰어 찬물에 담갔다 건진다.

4 레몬은 잘 씻어 껍질의 노란 부분만 저며 내고, 씨를 뺀 과육과 함께 믹서에 담는다.

5 4에 나머지 드레싱 재료를 넣고 곱게 갈아 레몬 드레싱을 만든다.

6 1, 2, 3의 재료를 고루 섞어 볼에 담고 레몬 드레싱을 뿌려 낸다.

◈ **연근은 오래 튀겨야 바삭해요**

채소를 튀길 때 튀김이 눅눅해지는 경우가 있다. 튀김마다 튀기는 온도가 다른데 연근은 너무 높지 않은 온도에서 젓가락으로 저어가며 오래 튀겨야 수분이 빠지고 바삭하게 튀겨진다.

당근두유수제비

당근은 베타카로틴이 풍부해 시력을 보호하고 눈의 점막이나 입술 안쪽의 상피 세포를 촉촉하고 윤기 있게 유지시켜준다. TV나 컴퓨터, 휴대전화 등으로 눈을 혹사하는 아이의 눈 건강을 지키는데 좋은 식재료다.

재료

두유	1 1/2컵
물	1/2컵
쪽파	2대
소금 · 후춧가루	약간

당근 반죽

당근	1/4개
밀가루	1컵
달걀	1개
물 · 소금	약간

1 당근은 껍질을 벗겨 강판에 갈고, 당근 반죽 재료와 섞어 수제비 반죽을 만든다.

2 1의 반죽에 랩을 씌워 냉장고에 넣고 30분 정도 숙성시킨다.

3 냄비에 두유와 물을 넣고 중불로 끓인다.

4 3이 끓어오르면 수제비 반죽을 떼어 넣고 익힌다.

5 수제비가 떠오르면 소금, 후춧가루로 간을 맞추고 송송 썬 쪽파를 뿌려 낸다.

✎ **수제비 반죽은 부드러워야 맛있어요**

수제비 반죽은 칼국수나 과자 반죽보다 부드러워야 떠 넣을 때 얄팍하고 부드럽게 떼어진다. 반죽을 숙성하면 부드러운 탄력이 생겨 더욱 좋다.

파래잔멸치땅콩자반

파래는 칼슘과 칼륨, 양질의 섬유질이 풍부한 해조류로 몸속 노폐물을 흡수하여 배설하는 작용을 한다. 또한 메칠메치오닌과 비타민 A가 들어 있어 니코틴 해독에 도움을 주므로 간접흡연에 노출된 아이에게 먹이면 효과가 있다.

재료

건파래	한 줌
잔멸치	1/4컵
다진 땅콩	3큰술
식용유	2큰술
통깨	약간

양념

간장	1큰술
설탕	2작은술
깨소금	1작은술
참기름	1작은술
조청	1작은술

1 건파래는 잡티를 골라내고 잘게 뜯는다.

2 잔멸치는 체에 털고, 아무것도 두르지 않은 프라이팬에 노릇하게 볶는다.

3 프라이팬에 식용유를 두르고 건파래를 파랗게 볶은 후 잔멸치와 다진 땅콩을 넣고 재빨리 버무려 준다.

4 불을 줄이고, 양념 재료를 넣어 간이 배도록 버무린 후 통깨를 뿌려 낸다.

✎ **잔멸치는 살짝 볶은 후 요리하세요**

잔멸치를 미리 볶으면 비린내가 제거되어 깔끔한 밑반찬을 만들 수 있다. 파래는 약불에서 천천히 볶아야 타지 않고 색깔이 파랗게 살아난다.

굴떡국

굴은 아이들의 성장에 좋은 아연이 많이 들어 있고, 칼슘과 철분도 풍부한 양질의 단백질 식품이다. 국을 끓이면 국물에 감칠맛을 주어 조미료를 따로 넣지 않아도 맛있다. 비린 맛이나 물컹한 질감을 싫어해 먹지 않는 아이라면 잘게 다져서 전을 부치거나 바삭하게 튀겨도 좋다.

재료

굴	1/2컵
떡국떡	1컵
대파	1/6대
다시마 물	2컵
국간장	1작은술
다진 마늘	1작은술
소금 · 후춧가루	약간

1 떡국떡은 찬물에 담가 15분 정도 불린 후 건진다.

2 굴은 옅은 소금물에 흔들어 씻어 체에 밭친다. 대파는 어슷 썬다.

3 다시마 물에 국간장을 넣고 팔팔 끓인 후 1의 떡국떡을 넣는다.

4 떡국떡이 떠오르면 굴과 다진 마늘을 넣고 한소끔 끓인다.

5 소금, 후춧가루로 간을 맞추고, 어슷 썬 대파를 넣은 후 불을 끄고 담아낸다.

✎ **굴은 소금물에 씻으세요**

굴은 옅은 소금물에 씻어야 풍미가 변하지 않는다. 맹물에 씻으면 삼투압 현상으로 퉁퉁 불어 물러지고 금방 상하게 되므로 주의해야 한다.

우엉잡채

섬유질이 풍부하고 변비예방에 도움을 주는 우엉은 몸속 노폐물 제거에 효과적인 식재료다. 또한 우엉의 당질인 이눌린은 다른 당분처럼 빠른 시간에 체내에 흡착되지 않아 비만이나 당뇨예방에도 도움을 준다.

재료		양념장	
우엉	1/2대	다시마 물	5큰술
당근	1/6개	간장	2큰술
양파	1/6개	유기농 흑설탕	1큰술
당면	한 줌	깨소금	1작은술
식용유	약간	참기름	1큰술
		후춧가루	약간

1 우엉은 껍질을 벗기고, 6센티미터 길이로 곱게 채 썬 후 찬물에 담가 건진다.

2 당근과 양파도 6센티미터 길이로 곱게 채 썬다.

3 당면은 미지근한 물에 담가 부드럽게 불린 후 10센티미터 정도 길이로 자른다.

4 달군 프라이팬에 기름을 살짝 두르고, 우엉, 당근, 양파 순으로 살짝 볶는다.

5 4에 양념장을 넣어 고루 섞은 후 당면을 넣고 부드럽게 익힌다.

✎ **흑설탕을 넣으면 윤기가 돌아요**

잡채 양념에 흑설탕을 넣으면 색깔이 진하고 윤기가 나서 먹음직스럽다. 당면을 따로 삶지 않고 양념장에 조리듯이 볶아야 식어도 잘 피지지 않는다.

믿고 살 수 있는 친환경 매장

현재 국내 친환경 농산물의 인증은 국립농산물품질관리원에서 '저농약', '무농약', '전환기', '유기농' 네 종류로 구분하여 시행하고 있다. 저농약이란 유기합성농약과 화학비료는 기준 사용량의 2분의 1을 사용하되 제초제는 전혀 사용하지 않고 재배한 것을 말하며, 무농약이란 화학비료는 기준량의 3분의 1을 사용하되 유기합성농약과 제초제를 사용하지 않고 재배한 것을 말한다. 전환기란 무농약 재배를 시작한 후 유기농 인증을 받기 전까지 이행 기간 중 재배한 것을 말하고, 유기농이란 일정 기간 화학비료와 유기합성농약을 사용하지 않고 재배한 것으로 식품첨가물을 넣지 않고 유전자조작 식품이 아닌 것을 말한다. 이러한 상품을 파는 친환경 매장으로는 어떤 곳이 있는지 정리해 보았다.

● 생활협동조합

생활협동조합법에 의해 소비자가 조합원으로 가입하여 만들어진 공동체로 일정 출자금과 조합비를 납부해야 이용할 수 있다. 대부분 인터넷으로 주문할 수 있고 일주일에 1회 배송되므로 홈페이지를 참고한다. 곡물, 채소, 과일, 축산물, 장·양념 반찬 등의 기본 품목은 모든 생협이 비슷하지만 가공식품이나 생활용품 등은 생협마다 조금씩 다르다.

한살림
02-3498-3600 www.hansalim.or.kr

한살림은 한 집에서 살림하듯 더불어 살자는 뜻. 가입비와 출자금을 내고 조합원으로 가입하면 제품을 구입할 수 있다. 100퍼센트 국내산을 판매하는 것을 원칙으로 한다. 생명, 생태, 공동체를 기치로 한살림 운동을 전개한다.

- **매장** 서울·경기 50곳, 기타 지역 60곳
- **방법** 지역생협 조합원으로 가입한 뒤 출자금과 가입비 납부(지역마다 회원 가입 절차가 약간씩 다름)
- **배송** 지역매장별 주 1~2회 공급(주문 마감일 제도)
- **품목** 기본 품목 + 두부·어묵·묵 / 수산·건어물 / 떡·빵·잼 / 면·만두·피자 / 건강식품·꿀 / 차·음료·유제품 / 과자·빙과 / 화장품 / 생활용품

아이쿱생협(구. 한국생협연대)
1577-0178 www.icoop.or.kr

지역주민운동으로 출발한 부평생협을 모태로 1997년 경인지역생협연대를 출범한 뒤 현재 한국생협연구소를 비롯해 지역생협활동을 지원하기 위한 생협연합회와 유기농 도매시장을 운영한다.

- **매장** 서울 8곳, 경기 16곳, 기타 지역 41곳
- **방법** 지역생협 조합원으로 가입한 뒤 출자금과 조합비 납부(지역마다 조합비와 가입 절차가 약간씩 다름)
- **배송** 날마다 오후 11시 주문 마감 뒤 3일 내 배송
- **품목** 기본 품목 + 신선 가공식품 + 차·음료 / 수산물 / 건재 / 간식거리 / 건강식품 / 면·만두 / 친환경생활용품

두레생협연합회
02-3283-7290 www.dure.coop

'생협수도권연합회'를 모태로 출발. 2004년 '지역생명운동'이라는 새로운 정체성을 확립하고 '두레생협'으로 개칭했다. 생산이력시스템을 갖추고 있어 각 상품의 생산지, 생산자, 생산과정을 확인할 수 있다.

- **매장** 서울 12곳, 경기 29곳
- **방법** 지역생협에 가입한 뒤 출자금과 가입비 납부
- **배송** 지역 매장별 주 1회 공급(주문 마감일 제도)
- **품목** 기본 품목 + 가공식품 / 일일식품 / 차·음료 / 건강식품 / 생활용품 / 여름 기획 / 수산·건어물

정농생협
02-404-6247 www.jungnong.com

농민들의 모임인 정농회가 기반이 되어 운영되는 생활협동조합. 우리나라 조직적 유기농법 실천의 첫 출발점. 기존 4단계 인증을 넘어 물품에 따라 6~8단계로 기준 설정(비닐 멀칭, 퇴비의 질, 질산염, 종자, 경력 등을 종합적으로 고려).

- **매장** 서울 5곳
- **방법** 조합원으로 가입한 뒤 출자금과 가입비 납부(기본 교육 이수해야 함)
- **배송** 주 3회 공급(주문 마감일 제도)
- **품목** 기본 품목 + 두부·어묵 / 면·간식 / 가루식품·떡국 / 차·음료 / 건강보조식품 / 생활용품 / 화장품 / 천연염색 / 수산 / 건어물

콩세알을 심는 농부(풀무생협)
070-7764-9283 www.kongseal.com

6백여 명의 친환경 생산자가 주축이 되어 만든 온라인 유기농 유통매장. 오프라인 매장은 없다. 일반회원으로 가입한 뒤 이용할 수 있다. 생산지가 홍성군 홍동면 일대에 밀집되어 있다.

- **매장** 없음
- **방법** 일반회원으로 가입한 뒤 이용 가능
- **배송** 당일 오후 10시까지 입금 확인 뒤 2일 내 배송
- **품목** 기본 품목 + 가루식품 / 간식·면 / 차·음료 / 건강식품 / 환경생활용품

여성민우회생협
02-581-1675 www.minwoocoop.or.kr

한국여성민우회가 농업·환경·지역 살리기 활동의 일환으로 시작했다. 지역주민과 조합원을 대상으로 환경, 친환경 소비, 식품안전, 요리, 건강 등 강좌와 생산지 견학 및 요리, 노래, 책읽기, 영화, 생태목공 등 소모임, 생산자 1일 점장제, 여성생산자, 소비자 교류회 등을 운영한다.

- **매장** 서울·경기 12곳, 기타 지역 1곳
- **방법** 조합원으로 가입한 후 출자금과 가입비 납부
- **배송** 주 1회 공급(주문 마감일 제도)
- **품목** 기본 품목 + 우리밀제품 / 건강식품 / 환경생활용품 / 수산·건어물 / 차·음료

인드라망생협
02-576-1882 www.budcoop.com

도농 공동체운동을 통한 도시와 농촌의 친환경농산물 직거래를 구상하고 불교귀농학교를 수료한 동문들이 전국 각지에서 생산한 생산물을 공급한다.

- **매장** 전국 사찰 4곳
- **방법** 조합원으로 가입한 뒤 출자금과 가입비 납부
- **배송** 월요일 주문 마감 / 매주 목요일 발송
- **품목** 기본 품목 + 일일식품 / 간식 / 친환경생활용품 / 수산물 / 우리밀제품 / 건강식품

예장생협
02) 426-5801, 5803~4 www.yj-coop.or.kr

농촌과 도시, 자연과 인간이 함께 더불어 살아가는 건강한 세상을 이루기 위해 도시와 농촌의 크리스찬들이 손을 잡고 만든 생명공동체이다. 생활재를 받기 3일 전 오후 6시까지 인터넷이나 전화로 주문하면 지역별로 편성된 공급요일에 배송된다.

- **매장** 없음
- **방법** 조합원으로 가입한 뒤 출자금 납부
- **배송** 주 1회 공급(서울 및 수도권), 지방은 택배
- **품목** 기본 품목 + 신선식품 / 일반 가공품 / 수산물생선류 / 생활용품 / 여름생활재 / 선물용생활재 / 급식용

● 유기농 유통전문매장

친환경 식품을 판매하는 가게로 지역별 가맹점 형태로 운영되는 등 생활협동조합과는 조금 다르지만 다양한 친환경 상품을 많은 지역 매장에서 만날 수 있다. 여러 가지 참여활동을 통해서 소비자가 쉽게 유기농을 접할 수 있다.

무공이네
02-441-8266 www.mugonghae.com

친환경 유기농 식품을 비롯한 친환경 생활용품을 유통하는 곳으로 단순한 상품 유통뿐만 아니라 바른 생활문화를 만들어가는 곳이다.

- **매장** 전국 직영점 20여 곳 / 가맹점 11곳 / 농협 아침마루 입점
- **방법** 일반회원 / 로하스 회원(가입비와 월회비 납부 시 할인율 적용)
- **배송** 서울·경기 일부는 당일 배송 / 그 외는 익일 배송
- **품목** 기본 품목 + 간식·면 / 건강식품 / 차·음료 / 생활잡화 / 여성 / 문구·완구

초록마을
080-023-0023 www.hanifood.co.kr

초록마을 인터넷 사이트와 전국 2백여 초록마을 매장을 통해 국내에서 생산되는 친환경 유기농 식품 및 환경생활용품, 주류 등을 판매한다.

- **매장** 서울 46곳, 경기 50곳, 기타 직영점 111곳 / 가맹점 50여 곳
- **방법** 일반회원으로 가입한 뒤 구매가능
- **배송** 일반물품은 주문 뒤 익일 배송, 저온물품은 주문 이틀 뒤 배송
- **품목** 기본 품목 + 건강식품 / 간식·면 / 차·음료 / 생활용품 / 수산·건어물

유기농 녹색가게 신시
1644-6279 www.shinsi.com

(주)녹색세상의 유기농 유통 사업기구. 신시 매장을 시작으로 생태마을, 녹색문화사업, 출판문화사업 등을 운영하고 있다. 생산지 탐방 프로그램, 생태, 건강, 육아, 교육 등 다양한 분야의 정보 수록. 해외 유기농도 취급한다.

- **매장** 서울·경기 35곳, 기타 지역 80곳
- **방법** 일반회원으로 가입한 뒤 이용 가능
- **배송** 주 3회 공급(주문 마감일 제도) / 서울·경기 지역은 당일 배송
- **품목** 기본 품목 + 우리밀제품 / 간식 / 차·음료 / 건강식품 / 생활용품 / 수산·건어물

올가
080-596-0086 www.orga.co.kr

ORGANIC의 앞 네 글자를 줄인 '올가'는 풀무원에서 운영한다. 순수 한우, 아토피 전용 식품, 친환경 소재 생활용품 취급. 백화점과 대형할인마트 내 매장 운영, 체험상품, 산지체험 프로그램 운영, 매월 총매출액의 0.1퍼센트를 지구사랑기금으로 기부한다.

- **매장** 서울·경기 직영점 9곳, 전국 입점 매장 26곳(롯데백화점 등)
- **방법** 일반회원으로 가입한 후 구매 가능
- **배송** 서울·경기 지역 당일 배송 / 그 외 익일 배송
- **품목** 기본 품목 + 차·음료 / 건강식품 / 간식·면 / 생활용품 / 수산·건어물

유기농 미생채
02-3667-3691~3 www.misaengchae.com
www.healgreen.com

(주)GMF에서 운영하는 친환경 농산물 전문 유통점. 농민과 1천 여 명의 약사들이 참여. 뉴질랜드의 유기농 전문기업인 허클베리팜스&힐그린 또한 미생채가 운영한다. 아토피 등 건강제품에 강하다.

- **매장** 미생채-전국 19곳, 힐그린-전국 7곳
- **방법** 일반회원으로 가입한 후 구매 가능
- **배송** 전일 오후 5시 30분까지 주문 뒤 익일 배송
- **품목** 기본 품목 + 화장품 · 바디용품 / 허브 · 아로마 / 아토피 / 유기농의류

한마음 유기농 쇼핑몰
0505-625-6245 www.yuginong.co.kr

호남 최초의 유기농업 단체인 한마음공동체가 주최. 한마음자연학교, 생태유치원, 장성여성농업센터 등도 운영한다. 지역생산자 조직 및 공동체 물류센터를 갖추고 있다.

- **매장** 전국 56곳
- **방법** 일반회원으로 가입한 뒤 구매 가능
- **배송** 입금 확인 뒤 당일 배송
- **품목** 기본 품목 + 음료 · 차 / 환경생활용품 / 자연요법용품 / 건강식품 / 간식 · 면 / 수산 · 건어물

유기농 스토리
02-3426-6204 www.organic-story.com

국내 최초의 유기농 수입식품 전문점. IFOAM 소속체의 국제 유기농 인증을 받은 제품을 취급한다. 산모 회원 가입시 5퍼센트 할인제를 실시한다.

- **매장** 전국 백화점 수입식품 코너 및 유기농식품 코너(현대, 신세계, 롯데 등)
- **방법** 인터넷은 일반회원 및 비회원 구매 가능
- **배송** 입금 확인 뒤 익일 배송
- **품목** 해외 유기농 가공식품 조미료 · 소스 / 면류 / 음료수 / 건과 · 무슬리 등

● 유기농 직거래

생산자가 직접 운영하는 친환경 쇼핑몰 모음

팔당생명살림 팔당올가닉후드
031-576-1771 www.paldangfood.com

유기가공식품회사, 유기농업농가, 소비자, 한국여성민우회생협, 와부농협 등이 공동으로 출자하여 설립. 팔당의 영농조합 농민들이 만들어 믿을 수 있고, 서울에서 가까운 팔당의 유기농산물을 직접 팔당공장에서 가공한다. 빵, 쿠키, 케이크, 잼, 반찬, 효소가 주요 제품.

아미마운트
063-652-0453 www.amimount.com

산지에서 농부가 직접 보내기 때문에 신선하고 안전하다. 과일, 채소, 곡물, 기타 건강식품들을 판매하고 농촌관광 및 체험활동도 신청할 수 있다.

아피스
031-460-8888 www.affis.net

농림수산식품부 산하기관인 한국농림수산부의 주관으로 이루어진 농민 직거래 온라인 장터. 농산물 임산물, 축산물, 전통가공식품 등을 판매하며 식재료와 관련된 다양한 정보를 알 수 있다. 회원 가입 후 물건을 구입할 수 있으며 배송비는 무료다.

영양장터
054-683-0689 www.yygmarket.com

경상북도 영양군에서 생산한 제품을 생산지 가격 그대로 구입할 수 있는 곳. 고추, 야콘, 기타 농산물을 생산·판매한다. 농촌체험 프로그램 진행.

한농유기농마을
033-333-3999 www.hannongfarm.co.kr

지구환경회복운동 돌나라 한농복구회 산하 국내 10개 지부 가운데 하나이다. 농산물과 자연방사유정란을 생산·공급. 야콘즙, 솔환, 케일분말 등 농가공식품과 숯을 이용한 건강용품도 판매한다.

두물머리농장 대지향
054-843-0501 http://www.dumul.com

두물머리농장에서 직접 재배한 유기농산물을 주원료로 야채효소 '대지향'을 생산한다. 탄산음료와 수입 오렌지 주스에 맞서 우리의 유기농 음료를 모두가 저렴하게 마실 수 있다. 딸기따기 체험 행사를 매년 실시한다.

나에게 맞는 유기농 가게 찾기

채식인이라면?

육식에 입맛이 젖은 사람들도 채식으로 식습관을 바꾸는데 어려움이 없도록 콩과 글루텐(밀)을 사용해서 채식고기를 만든 제품과 달걀, 동물성 원료, 화학조미료, 방부제가 들어가지 않는 순수한 채식 웰빙 먹을거리를 제공한다.

베지푸드 www.vegefood.co.kr **해바라기** ww.62nong.org
베지월드 www.vegeworld.net **채식사랑비즌** www.vegn.co.kr
베지랜드 www.vegeland.com **베지테리아** vegeteria.co.kr

직접 보고 사야 안심된다면?

온라인에서 직접 사는 것은 믿을 수 없다. 지역 매장에서 꼼꼼히 살펴보고 장을 보는 세심형이라면 살고 있는 지역에서 가까운 곳에 친환경 매장이 있는지 살펴본다.

- 아이쿱생협, 한살림, 두레생협, 정농생협, 여성민우회생협, ECO생협
- 무공이네, 초록마을, 올가, 미생채, 한마음유기농쇼핑몰, 유기농녹색가게 신시, 유기농 스토리, 온라인 유기농도매센터, 총각네아채가게

싱글에게 딱 좋은 매장은?

싱글은 적은 양을 파는 곳이 딱 좋다. 자주 장을 보지 않고 한번 장을 보면 냉장고에 넣어 오래 두고 먹는 이에게 소량 포장으로 판매하는 친환경 매장을 추천한다.

무공이네 www.mugonhae.com **힐그린** www.haelgreen.com
농군마을 www.canaanmall.com **이팜** www.efarm.co.kr
미생채 www.misaengchae.com **올가** www.orga.co.kr

아이가 있는 집이라면?

아이가 있는 곳은 더더욱 먹을거리, 입을거리, 생활용품에 신경 쓰게 마련이다. 먹을거리뿐만 아니라 아이에게 필요한 각종 분유, 이유식, 기저귀, 유아화장품, 장난감 등 친환경물품을 판매하는 곳을 소개한다.

유기스토어 www.62store.com **신시** www.shinsi.com
해가온 www.hegaon.com **힐그린** www.healgreen.com
미생채 www.misaengchae.com

구입하는 것으로만 만족 못해!

생태환경운동에 관심이 있고 소비자와 생산자의 건강한 관계를 꿈꾸는 분들에게 생활협동조합을 추천한다. 조합원 신분으로 생산과 유통 과정에 함께 참여할 수 있으며 소비자인 조합원이 농산물의 품질을 인증하는 '자주인증제도'를 시행하는 곳이 있다. 보통 조합원들에게 다양한 교육과 활동을 제공한다.

두레생협 www.dure.coop
한살림 www.hansalim.or.kr
아이쿱생협 www.icoop.or.kr
여성민우회생협 www.minwoocoop.or.kr

산지체험에 가고픈 활동형

생산지 탐방과 주말농장, 논농사 체험 같은 생산 과정에 함께하거나 정월대보름, 단오, 가을걷이 등 절기별 축제를 하는 곳이다. 요리, 생태목공, 건강과 관련된 교육강좌와 지역회원 모임도 진행한다.

두레생협 www.dure.coop
콩세알 www.kongseal.com
여성민우회생협 www.minwoocoop.or.kr
인드라망생협 www.budcoop.com
신시 www.shinsi.com
무공이네 www.mugonhae.com
올가 www.orga.co.kr
한마음공동체 www.yuginong.co.k
한살림 www.hansalim.or.kr

아토피 벗어던지고파~

대개 친환경 매장은 먹을거리가 중심이지만 매끈한 피부와 건강한 몸을 가꾸고 싶은 몸짱형을 위한 건강용품 및 생활용품이 많은 곳도 있다.

미생채 www.misaengchae.com
웰빙지기 www.wbzigi.co.kr
신시 www.shinsi.com
여성민우회생협 www.minwoocoop.or.kr

유기농 전문점 소개

축산물 씨알마트 www.crmart.co.kr 041)333-2945

산양유 엠젠 www.mgen.co.kr 02)2113-7130

소금 마하탑 www.mahatab.co.kr 061)275-0290

포도·와인
덕촌포도원 054)436-4028
사람과 땅 농장 054)533-8579

우리밀 우리밀 www.woorimil.co.kr 02)333-6123

유정란
눈비산마을 043)832-8063
산안마을 www.yamagishism.co.kr 031)353-3920

떡·한과 화성한과 www.jocheong.com 031)352-5422

식당
에코밥상 www.ecotable.co.kr 02)736-9136
문턱없는 밥집 02)324-4190
행복한밥상 02)994-5878
맛깔손 02)481-6292

미꾸라지·추어탕
청호농산 www.ichfarm.co.kr 055)973-6865
미당추어탕 www.midang.co.kr 031)295-6830

무쇠솥 운틴가마 www.전통가마솥.kr 051)244-9941

옹기
인월요업 www.inwol.com 0505)637-0010
예산옹기 yesanonggi.koreasme.com 041)332-9888

천연염색 약초보감 www.obang.net 031)821-9657

의류·잡화
에코파티메아리 www.mearry.org 02)743-1758
리블랭크 www.reblank.com 02)744-1365
쌈지농부 www.ssamzienongbu.com 02)333-7121

문구
공장 dcx www.dcx.co.kr
텐바이텐 www.10x10.co.kr

화장품 자연의벗 www.nature.or.kr 02)736-2901

유아복
베냇스토리 www.benetstory.com 051)754-3211
에코샵 www.ecoshop.kr 02)730-7333

면생리대
피자매연대 www.bloodsisters.or.kr 02)6406-0040
달이슬 www.moondew.co.kr 02)462-2808
이채 www.eechae.com 1544-8797

가구
운산공방 011-9010-8424
두물머리농장(숯침대) www.dumul.com 031)772-6370
CAMA 031-393-6030
미루공방 www.i-miroo.com 042)485-0360

과학전문 교구 키트나라 www.kitnara.com 02)3675-6020

축구공 공정무역가게 울림 www.fairtradekorea.com 02)739-1201

재활용 나눔 가게
아름다운가게 www.bstore.org 1577-1113
구세군 희망나누미 blog.daum.net/nanumi2008 02)720-9494

벽지·장판
에덴바이오 www.edenwp.com 031)445-3106
토담벽지 www.todaam.com 02)844-0640

태양광 실외등 코스모스한보 032)670-8998

그 외
정농회 http://jeongnong.or.kr 02)984-2145
흙살림 www.heuksalim.com 043)212-0935
사)전국귀농운동본부 www.refarm.org 031)408-4080
서울특별시 녹색장난감도서관 children.seoul.go.kr 02)753-0222

키가 쑥쑥 몸도 튼튼
우리 아이 성장밥상 40가지

| 펴낸날 | 초판 1쇄 2012년 3월 30일 |
| | 초판 2쇄 2014년 4월 2일 |

지은이	류도균
펴낸이	심만수
펴낸곳	(주)살림출판사
출판등록	1989년 11월 1일 제9-210호

주소	경기도 파주시 광인사길 30
전화	031-955-1350 팩스 031-624-1356
홈페이지	http://www.sallimbooks.com
이메일	book@sallimbooks.com

ISBN   978-89-522-1789-9   13590

책임편집 박종훈